陳時中部長探訪鑽石公主號隔離乘客時合影

鑽石公主號甲板放風，隔離生活的小確幸

1 月 30 日於沖繩港，此時還不知即將爆發疫情

船上的房間，在這度過漫長的隔離生活

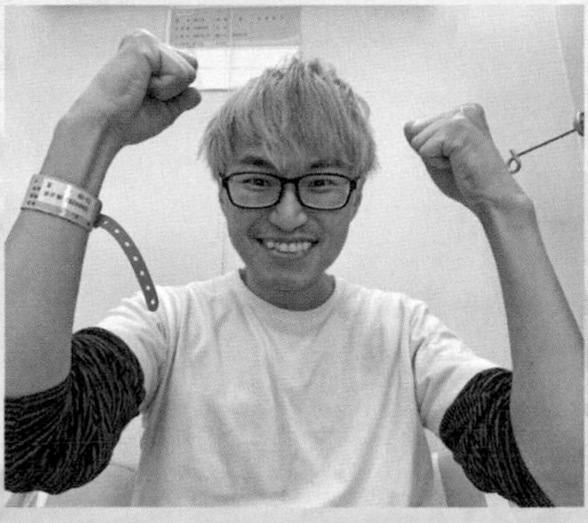

回到台灣醫院再度接受檢驗，得知二次採檢均為陰性，格外開心

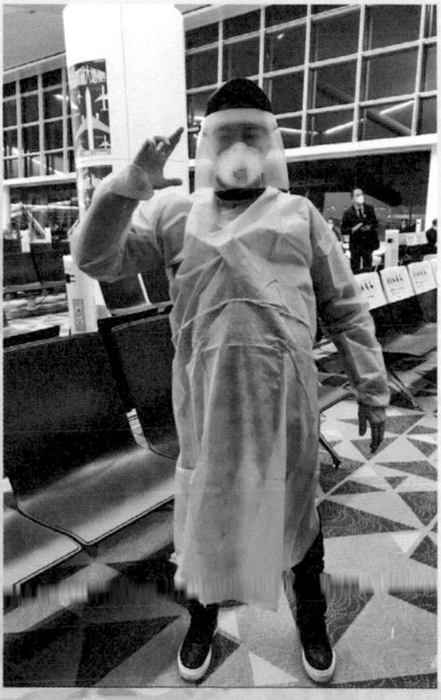

包機隔離衣，包包必須前背在身上

Lamigo 魔術演出

中視「魔鏡魔鏡大魔競」節目

Lamigo 球場演出視覺海報

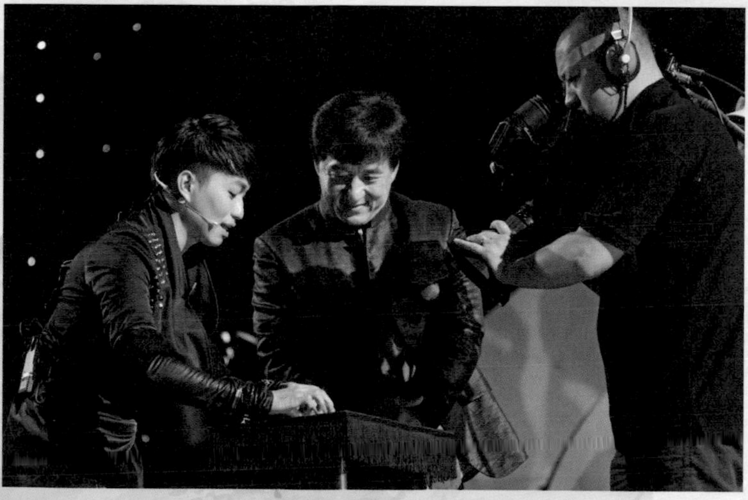
央視「我要上春晚」與成龍同台演出

2018 市政府 101 跨年晚會，憑空變出柯文哲市長夫婦登場（台北市政府攝）

2019 與弘道老人福利基金會合作「騎幻盛典」慈善魔術秀

2010 日本魔術比賽冠軍頒獎

2019 YOUTUBE 訂閱 10 萬獎牌

與家人

魔幻／疫境

魔術師陳日昇的極限挑戰與追夢人生

陳日昇——著
李世偉——採訪、撰稿

感謝我的家人，

始終一路支持著我，相信著我，我愛你們。

感謝魔術團隊助理們，

沒有在後台的你們，就沒有在舞台的我。

感謝支持幫助過我的貴人朋友們，

在我徬徨無助時，伸出了溫暖的手。

感謝愛我的人以及我愛的人。

感謝老天！

CONTENTS

目錄

—推薦序—

從魔術中看見高EQ與自媒體的魔力

李世偉（前《時報周刊》社長兼總編輯）

我似乎與魔術師特別有緣，上大學第一天，認識的好朋友，就是立志要當魔術師的羅賓；採訪陳日昇時，發現他也與羅賓熟識，也在大學時積極投入魔術領域，二人有共通的話題，讓我回想起八〇年代的大學時光，也多了幾分親切感。

在新聞界工作了三十年，這是我的第二本書，會想自己動筆，是因為訪談日昇的過程中，發現素材不僅是魔術師的成長故事，還包含自媒體崛起、危機處理、EQ管理……等相關領域，激發了我的好奇心，也燃起了寫作欲望。

長久以來，我習慣以傳統媒體人的角度看世界，雖然偶爾會接一些演講案，談「企業如何提升曝光度」、「如何對抗假新聞」等網路議題，但對於新興的「自媒體」，能有多少影響力，總抱持懷疑的態度。

但日昇這次在鑽石公主號上，靠著手機開直播，不僅吸引了全台灣媒體的目光，也協助船上的台灣旅客脫困；他在船上隔離那十四天，媒體除了「順時中」，轉播防疫中心的記者會外，每天的例行功課，就是追著他問公主號疫情狀況。除了陳時中部長，他應該是那段時間曝光最多的焦點人物，連續二周在臉書的直播，引領了台灣媒體的風向，連駐日代表處都靠他，才得以了解船上的台籍旅客的現況，最終更促成了政府派出華航包機，樹立了橫濱模式，也讓我見識了自媒體的威力。

詳看了日昇的臉書，才發覺他有十三萬名的粉絲；這樣的熱度並非一蹴可幾，他不僅在臉書上詳實記載了各場演出的點點滴滴，更為了要衝人氣，時常與團隊結合時事構思腳本，在路人前，當街變出「美女皮卡丘」，或讓情侶目瞪口呆的絲巾穿透手機，就算沒有酬勞，仍得一步一腳印堅持下去。靠著十年磨一劍累積的流量打底，結合鑽石公主號全球注目的新聞事件，讓他成為鎂光燈下的名人。或許有人羨慕他一夕成網紅，那不妨先衡量自己，有無鴨子划水數年的拚勁。

高EQ是我欣賞日昇的另一長處，他在遊輪上隔離期間，明知有染疫風險，仍每天乖乖到餐廳，與其他主管聊天共餐。問他幹嘛不待在房間吃泡麵？他說一來怕營養不良少了抵抗力，二來必須維持與遊輪高層良好互動，危急時才有人相助，也為日後的演出鋪路。果然在最後關頭，主管及時幫了一把，帶他去找檢疫人員，終於在倒數計時的關鍵一刻，取得了檢驗報告，下船搭機回台。

或許是老天保佑，也可能是魔法發威，日昇四次採檢都過關，連柯P都慕名找他在愚人節拍防疫廣告。期待他用魔術，帶給我們更多的驚奇，更盼望有朝一日，陳日昇會成為台灣魔術的代名詞。

自序

大家好，我是魔術師陳日昇。

你也許沒看過我的魔術，但你可能看過我在新聞畫面戴口罩直播的模樣。

成為職業魔術師至今十三年的時間，沒想到卻因為鑽石公主號事件，一夕之間成為台灣的新聞焦點人物。

這場突如其來的意外困住了我，就算魔術功力再強也無法順利逃脫，親身體驗了彷彿電影劇情般的三十一天隔離生活。關關難過關關過，最後解除隔離畫下圓滿結局。二〇二〇年的二月從此成為了我永生難忘的回憶。

許多臉書的粉絲朋友建議我可以出書記錄這段歷程，不僅能留下遊輪隔離紀錄，也能讓更多人看到魔術師最真實的一面。正好我一直都有出書的計畫，只是不想寫一本單單教學魔術的工具書，更想透過書籍文字傳遞我表演魔術的核心精神：堅持、熱情、正能量！

這本書裡沒有迷幻的煙霧，也沒有折射的鏡子機關，我想揭開魔術師神祕的面紗，與你分享最真實的心路歷程。

在七歲那年看到大衛魔術，他把自由女神像消失，還能人體穿越萬里長城，居然有如此不可思議的幻象！我開始對魔術背後精妙的原理深深著迷。

從政大經濟系畢業後，因緣際會之下成為了全職魔術師，這是一條人跡罕至的道路，路途中不斷摸索嘗試，有成功有失敗、有希望有挫折。

我告訴自己，想要享受台上的光鮮亮麗，也要忍耐台下的咬牙努力。

經歷國際參賽冠軍得獎，被媒體捧成台灣之光，也得到電視魔術單元個人曝光機會，本以為從此前途大展，沒想到卻太過大意，急於過度擴張的結果，導致了瞬間沒有收入——存款只剩六三二元，面臨每夜無法入眠的日子，甚至開始不斷自我懷疑：成為一位魔術師真的是正確選擇嗎？

我堅持過來了，就如同我撐過了鑽石公主號的漫長隔離。

不斷嘗試迎面而來的挑戰，想盡辦法克服，然後再接受新的挑戰。

魔術師在幕後費盡心思演練，就只為了在台前輕鬆彈一響指就能產生驚喜，真實的人生又何嘗不是如此？

祝福我們找到堅持不懈追尋目標的力量，都能在人生的舞台上創造魔法，享受掌聲！

希望這本新書成為你另一波

——視・覺・的・衝・擊！

| 第 1 章 |

實境

鑽石公主的衝擊

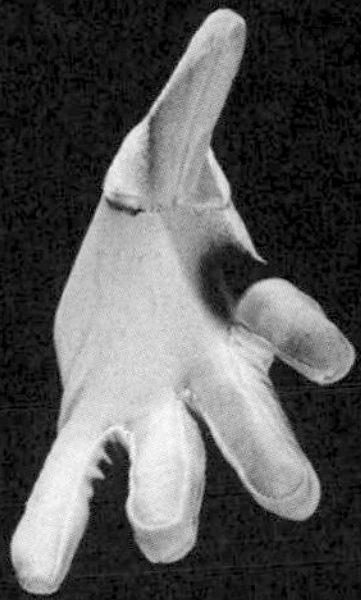

◆ 鑽石公主號

從兩年前首度在盛世公主號遊輪表演魔術，算算待在船上的時間，合計超過七個月，最長的行程，在船上待了二個月，只有到達港口時，才會踏上陸地透透氣，還有過在基隆停靠時，利用短短五小時的寶貴時間，趕回工作室補充道具的經驗。儘管如此，每次上船前，心情總是雀躍不已，既可充實荷包，又能趁機度假。

最特殊的一次，是在太陽公主號演出，這趟環遊世界的國際航程，遊輪由日本出發往西向歐洲航行，旅程長達三個月，我由杜拜登船，在希臘觀光聖地聖托里尼島下船，在船上待了近二星期。在遊輪上我既可以船員的身分，自由出入管制區，又能享有旅客吃大餐看表演的福利，還有優渥的報酬，這樣的工作夫復何求。

還記得小時候我們全家第一次上麗星遊輪，就是為了看偶像范曉萱的表演；從小我就是她的粉絲，曾經去參加電台抽獎，只為了要她的簽名照，結果真的成了得獎的幸運兒。還記得簽名照寄來那天，拆開信封的雀躍心情，可說是永生難忘。上了遊輪後，可以在餐廳內近距離看著范曉萱表演，又是一次驚喜的體驗。

事隔二十年，我也追隨當年偶像的腳步，站上了遊輪舞台，將歡樂分享給觀眾。遊輪上有很多闔家出遊的家庭客，見到他們就回憶起小時候全家遊輪之旅，心中滿是感動，更堅定我用魔術散發正能量的心願。

但天有不測風雲，沒想到二〇二〇年一月春節前，這趟原本排定九天的鑽石公主號的演出，會演變成將近一個月的夢魘，「中年昇海上漂流記」戲劇性的情節，足以拍成電影，全船七百多人感染新冠肺炎，我身處「毒窟」，雖倖免於難，但至今仍餘悸猶存，親友、乃至於不認識的網友們隔空送暖，甚至親送物資，也讓我倍感溫馨，成為一生最難忘的回憶。

這趟「奇幻之旅」，要從一月二十六日說起，那天我由台灣搭機飛往越南峴港，準備隔天登上「鑽石公主」號演出，履行去年十二月就簽訂的演出合約。因為還在春節期間，想讓助理能多與家人團聚，因此我單獨行動，只準備了三天的換洗衣物，帶著必備的筆電與簡單的行李就開心出發。

遊輪上家族旅行的遊客很多，氣氛總是充滿歡樂，這也是最吸引我之處。演出前雖然新冠肺炎疫情已爆發，在大陸蔓延，台灣也有確診案例，但我覺得遊輪上應該很安全。出發前原本戴了口罩，上船後心情放鬆，反而將口罩拿了下來，利用演出之前的時間，在船上走透透，好好欣賞「鑽石公主」。

「公主」系列的遊輪，視出發地與主要客層，每艘的設計風格都有不同的主題，「鑽石公主」主攻日本市場，華麗的裝潢就巧妙融入了日式風格，除了各式的餐飲與休閒設施外，最令我滿意的，莫過於我要登場演出的兩個劇場，軟硬體都屬一流水準，看過場地後，總算放下心中的一塊大石頭。

雖然是職業魔術師，有著充分的國內外表演經驗，力求完美的我，演出前還是難免會緊張焦慮。魔術表演不同於演唱會，歌手稍微走音或忘詞，只要下一拍跟上，還可以彌補，觀眾也不會太在意，甚至沒發現。魔術表演成功與否，往往是零與一的區別，一旦有意外，場面就會很尷尬。我曾經因為道具突然倒了，當場傻住不知如何是好，在眾目睽睽下，只能困窘的比個×的手勢，先退場落幕，俟道具整理妥當後，再重新上台。有了那次的經驗，我上場前總不敢大意，彷彿罹患了「被害妄想症」一般，總是神經緊繃，不斷的思考出狀況的各式解圍方案。表演後，我還會一一做紀錄，詳實寫下觀眾們對每個魔術的反應，不斷的精進手法，日後遇上較挑剔的觀眾，也能順利贏得滿堂彩。

這趟七天的行程，我依約要進行二天四場的演出。因為船上空間有限，因此大型道具派不上用場，主要的魔術情節，都是與觀眾互動，每天二場演出，分別在不同場地，怕客人看膩，內容都有區隔。如果是由基隆出發的遊輪，旅客多數是台籍，我就會以中文演出，「鑽石公主」由日本出發，旅客多是日籍，我表演時就得說英文搭配日文，雖然有小小壓力，但因為之前已經有經驗，心中想好幾個應付突發狀況的備案，對完美演出還是充滿信心。

一月三十日，我完成了二場演出，過程很順利，船上含船員，合計約三千七百人，分析觀眾結構，大約有一千多名日本人，六百名歐美人士，四百位香港人，台灣旅客只有二十多位。儘管用英語夾雜日語表演，觀眾們還是看得很盡興。依劇場特點，我精心規劃了與觀眾互動的表演內容，一開始先變些小魔術，以驚喜帶動氣氛，最後以危險性魔術「拍釘子」，將釘子放在六個不同的袋子內，讓來賓任選，狠狠一掌拍下去，此時全場尖叫聲不斷，緊張氣氛爆表，節目也邁入最高潮，當然前提是上場來賓得毫髮無傷，不然就糗大了。

◆ 鑽石公主號的演出，在疫情爆發前座無虛席

「拍釘子」是「玩命釘槍」的改良版，原本是魔術師準備六把木工必備的空氣釘槍，任選一把往自己太陽穴射，類似電影中的「俄羅斯輪盤」，將一顆子彈塞進左輪手槍彈夾，滾動彈夾後扣板機，六分之一的「中獎」機率，看能否逃過死神召喚。「玩命釘槍」經過特殊設計，確保魔術師不論怎麼選，都不會中槍，以確保人身安全。但釘槍要靠空氣壓縮機驅動，在陸上表演沒問題，出國要託運，除了超重運費可觀外，還會被視為危險物品遭拒。因此，出國時，我會改排拍釘子，同樣可以讓觀眾提心吊膽，但道具要簡單得多。

不論是拍釘子或玩命釘槍，最重要的前提都是安全，千萬不能出意外，否則後果會很嚴重。特別是空氣釘槍，穿透力甚大，幾寸厚的木板都可以順利貫穿，更何況是腦袋。隔袋拍釘如果有閃失，雖然不會致命，但眾目睽睽下，手上扎了釘子，血流如注的場面，光想就會讓人不寒而慄。

表演這類驚恐魔術，魔術師上場前會一再檢查道具，確保安全無虞，但人算不如天算，偶爾還是有意外發生，國外有魔術師表演玩命釘槍喪命的案例，圈內也傳出魔術師邀企業董事長上台拍釘子，結果一掌下去，釘子竟然扎在手上，當場見紅的窘況。因此，家人一直勸我少表演這類危險魔術，但為了製造現場的高潮，有時還是得搏命演出。我經常形容魔術表演，宛如高空走鋼索，得要膽大手巧，全程戰戰兢兢，只要有失手，就形同從鋼索上跌落，很難有挽回的餘地。

老天眷顧，一月三十日的二場表演，在觀眾掌聲中，劃下完美的句點。接著要在二月二日演出，中間有二天的時間，我可以放鬆緊繃的心情。一月三十一日，船停靠在基隆港，不少旅客下船進行城市之旅，西門町、龍山寺、一〇一、九份等北部知名景點，都有他們的足跡，我也趁機回工作室補給，把握時間為下一場表演充電。

二月一日船到了沖繩，我跟著大夥一起下船旅遊，順便血拼採購了維他命、發泡錠等營養補給品。這時朋友傳來了晴天霹靂的消息：有位一月二十五日在香港下船的老翁，確診感染了新冠肺炎！由於前一天，有大批鑽石公主號的旅客下船在北北基旅遊，台灣媒體大幅報導，疫情指揮中心忙著追蹤接觸史，地方政府與商家也全力動員消毒。

朋友關心同在船上的我，會不會受影響？說實話，我儘管錯愕且頭皮發麻，但顧及演出合約，也只能咬牙希望能撐到二月四日下船。雖然船上有醫生，但老翁確診的消息，似乎沒引起警覺，飯照吃、酒照喝、舞照跳，仍然是天下太平的歡樂氣氛。

反倒是台灣旅客警覺性高，擔心會演變成十七年前ＳＡＲＳ的翻版，很快就戴起了口罩。我不僅戴口罩，還從二月一日起，就盡量待在艙房內，減少外出與人群接觸，事後想想，這可能是我身處重災區，仍能倖免於難的關鍵。但船上幹部仍平常心面對疫情，西方人沒見過ＳＡＲＳ的威力，可能把新冠肺炎當成一般流感，未採取特別的防護措施，餐廳照開，而且所有演出全都正常舉行。

雖然我已經開始採取預防措施，但有二個狀況，還是會讓我曝露在高度感染的風險中。首先是用餐，一個人用餐雖然安全，但到餐廳點餐，要先預約等著安排座位，著實不方便，更何況排隊等入座時，還是會與他人近距離接觸，所以我還是選擇到十六樓去吃自助餐，不過用餐時，盡量會避開巔峰時間，挑人少的時候去，而且座位選擇遠離人群，速戰速決吃完趕緊回房間。

另一個頭痛狀況是，二月二日還有兩場演出，得近距離與觀眾接觸互動，這是之前就安排的情節，礙於道具場地等因素，完全無法更動。既然演出照常舉行，我也只能硬著頭皮上場。為了顧及效果，我選擇不戴口罩變魔術，觀眾們完全不受疫情影響，看得很開心，我的心裡卻是七上八下，謝幕後趕緊徹底洗手消毒，祈禱自己不會被感染。

二天四場演出結束後，我滿心期待二月四日抵達橫濱港，下船趕緊搭機回台，結束這段驚魂之旅。按理說，遊輪應該在二月四日清晨入港，但二月三日晚上，橫濱港的燈火，卻已經映入眼簾，當時心中就覺得不對勁，隱約覺得有大事將要發生。船上的旅客，卻絲毫不在意，餐廳照樣客滿，大家還是開心看表演，甚至還到酒吧辦惜別派對狂歡，殊不知病毒也悄悄的在人群中快速傳播。

第 2 章

無奈

當疫情變成了我的真

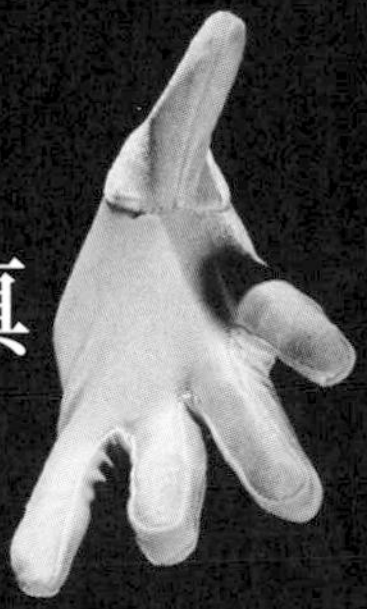

隔天早上，我與友人電話報平安，盼望能夠早點踏上陸地，趕赴東京搭機。不料迎來的，卻是戴著口罩的日本厚生勞動省官員登船檢查，全部旅客都被留置，沒人可以下船，接著就傳來惡耗，全體人員都被要求，得待在船上隔離十四天才能離開。

聽到隔離通知時，我幾乎是恐慌症發作。十四天！那我接下來的演出怎麼辦？得趕緊通知助理重排行程，班機也要改期，待處理的事情，稱得上千頭萬緒。隔離之初，船上像荒島，連口罩都沒發，這趟行程我只帶了四個醫療用口罩，幸好直到二月一日才開始戴，這下只能輪著用。心中更懊悔的是，出門時沒聽媽媽的話，嫌行李太重，將一瓶消毒用的酒精放在工作室，失去了抗病毒的利器。

宣布隔離之後，所有人都被要求待在房間；我的房間有窗戶，可以看到外面的景觀，但沒法開啟，只能仰賴中央空調，雖然比不上有陽台的高級客房，但比起內艙許多沒窗的房間，已經要好得多。為了紓解長期待在室內的壓力，每天有一個半小時，到甲板透氣的放風時間，其餘未獲允許不能外出。

船上的餐廳，從隔離開始，就吹起熄燈號，餐點由服務生送到門口，大家只能在房間內用餐。我的 Guest Entertainer 身分較特殊，管理單位安排我離開房間到主管餐廳用餐，這算是禮遇，雖明知只要群聚，就有高度被感染的風險，但盛情難卻下，我只能勉為其難的接受。

要去主管餐廳，得經過旅客住宿區，我每回戴著口罩，快步穿越空盪盪的走廊，心中總有一陣涼意，特別是疫情開始爆發後，只要看到穿隔離衣的檢疫人員，在某個房間門口出入，就知道應該有旅客中鏢了，將被護送離船就醫，此時總會不由自主的加快腳步離去，深怕自己也成為病毒的受害者。

值得慶幸的是，我受到禮遇，被安排在主管餐廳用膳，而非一般的船員食堂，遊輪船員上千人，開始隔離後，雖然戴起了口罩工作，還是得經常接觸旅客，提供所需服務。剛開始船上員工沒注意到肺炎的嚴重性，仍一起吃自助餐，口罩拿下來，聊得很開心，加上艙房多人共處一室，隔離期間果然有不少船員感染。

主管餐廳的環境相對單純，十五坪左右的空間，大約有十張桌子，菜色雖然也是自助餐，選擇比員工餐廳少，卻也相對精緻。惟一頭痛的是，老外沒意識到病毒的高度傳染性，吃飯時仍喜歡四至五人一桌，天南地北開心哈啦，大家知道我是魔術師，都會熱情邀我同座，為了避免被當不合群的異類，剛開始也硬著頭皮加入，後來想想，風險實在太高，就盡量挑人少的時候前往，一個人用餐降低風險。

由於一直關在艙房內，沒什麼活動，我實在沒什麼食慾。外出進餐得冒著被感染的風險，我索性每天睡得晚些，跳過早餐只吃午晚餐，順便帶些水果回來，補充維他命C。

有些朋友不理解，明知道群聚易感染，我幹嘛不待在房間吃泡麵？我認為到餐廳固然有感染風險，但天天吃泡麵，容易營養不足，免疫力下降，更喪失抵抗病毒的能力。一開始我的泡麵存量有限，也只能省著吃，即使後來補給物資充裕，泡麵無限量供應，我依然堅持只讓自己二天吃一次泡麵取代正餐，以免營養不良。事後回想，用餐時與船上的主管們維持良好互動，也協助我在最後關鍵時刻，取得了檢驗報告書，能夠順利登機回台。

宣布隔離的第一天，我的思緒一片混亂，更慘的是從二月四日起，我就有上呼吸道感染的症狀，咳嗽、流鼻水、喉嚨痛等症狀全都上身，香港老翁確診的消息，更讓我覺得已經感染新冠肺炎，打電話想要求檢疫，卻碰了釘子，醫生認為我沒發燒，只能自我隔離再觀察。船上隔離前三天，我緊張到連睡覺都戴口罩，一度連遺言都想好了，開始規劃後事，例如存款怎麼分配，一向視為第二生命的魔術道具，可以送給誰，全都在腦海中浮現，只差沒動筆寫遺囑了。

惱人的事不止於此，或許是太緊張，加上感冒未癒，整天口罩戴緊緊，完全不透氣，竟然唇泡疹也來攪局。這是我的老毛病了，遇上季節變化，或抵抗力較弱時，就會來找碴，每年至少發作一回，因此我出差必備口服藥與外用藥膏，結果這次行程短，最有用的口服藥忘了帶，只能搽外用藥膏應急，望著鏡子中，嘴邊狂冒一顆顆的小水泡，只能期待它破了自然痊癒，當時臉上的一大片傷口，就好像騎機車跌倒擦破皮，心中的煎熬可想而知。

大家都很好奇，我身處毒窟，每天還要外出進食，怎麼自我防護才能免疫？首先，我想出了隔離衣的概念，因為只有三套衣服，沒法常換洗，我外出時穿的那套，只要進門就立刻換下，放在門口旁，換上另一套衣服進房間，避免將汙染源帶入室內。因為怕公共洗衣機暗藏病菌，如果覺得衣服髒，我只敢在房間手洗晾乾，一直撐到下船為止。

此外，我出門必戴口罩，回房間就瘋狂洗手，至少要搓洗二十秒，包括指甲縫隙都不放過。上完廁所，沖水前一定蓋上馬桶蓋，堵絕潛在的病菌噴濺，還有經常喝水兼補充維他命，沖繩買的發泡錠剛好派上用場，沖泡後飲用，補水兼補身。最後就是維持充足睡眠，睡前上網找些催眠紓壓的音樂，幫助自己放鬆入眠，甚至開啟手機飛航模式，避免蜂湧而至的訊息影響睡眠，或許就這樣擋下了冠狀病毒的攻擊。

經歷了二月五日的混亂後，我冷靜了下來，開始思考下一步的策略。儘管鑽石公主號的隔離，成了國際注目的焦點，但船上只有二十多名台灣旅客，外界對我們的狀況並不了解，於是我決定在臉書上開直播，讓大家可以了解船上的真實狀況，因為一開始，船上物資不足，也希望外界能夠知道我們的需求。

開直播的第一挑戰是網速，船上原本有付費使用的無線網路，開始隔離後，船公司很貼心的開放免費供大家使用，但所有人都上網的結果，就是網路變龜速。我渴望知道外界訊息，立刻決定開啟手機漫遊上網，哪怕是一天吃到飽要三九九元，兩周下來要近六千元的帳單，只要能與外界隨時連繫，我也甘願付。

第一天的直播內容，我簡單述說了船上的狀況，也希望大家理解，香港的老翁一月二十五日就下船，鑽石公主號一月三十一日停靠基隆時，還未有確診的消息傳出，因此才會讓大批旅客上岸旅遊，並非刻意製造恐慌。第一次直播後，我立刻成了網路名人，各家媒體競相轉載，也隨時來電詢問船上旅客狀況。更令我振奮的是，許多不認識的網友，熱情傳私訊打氣支持，包括提供建議與資訊，分享各式保健醫療祕方，甚至有人分享NETFLIX帳號，希望我在隔離期間，也能看看影片紓壓，以免悶壞了。

也因為開了直播，我開始跟同樣在船上的台灣旅客取得了連繫。有位女網友傳私訊，希望我能探望她同在船上的爸媽。我利用下午三點左右在甲板散步的時間，跟二位長輩見了面，也透過他們加入了台灣團的LINE群組，大夥能互相加油打氣，分享資訊。駐日代表處原本也只能透過新聞，得知有台灣旅客在遊輪上，卻不知如何聯絡，透過直播找上我，然後加入台灣團的ＬＩＮＥ群組，能夠協調日方盡量解決旅客需求。

為了免出門吃早餐，我每天大多睡到九點多才起床，然後開手機、筆電看新聞，通常最新映入眼簾的，就是又有多少人確診。二月五、六日，各有十人確診，二月七日當天，竟然單日暴衝四十一人，累計六十一人感染，一大早受到這種驚嚇，心情自然盪到了谷底。

按理說，應該全船盡快篩檢，讓健康者先下船隔離，但到二月七日那天，聽說還檢驗不到三百人，更扯的是，有對日本夫婦，老公確診了，同房的太太，理當是高危險群，要求篩檢竟然因未發燒被拒，僅要求她繼續待在房間隔離。日方的效率，看在台灣人眼中，只能用三聲無奈來形容。

我在臉書建議，政府應該盡快派包機將船上台灣人接回去，也引發網友不同的反應，有人贊同但批評聲浪也不小，但事實是有八十七歲的老翁，咳到都吐血了，卻都還沒送醫，難道不該受到重視？不過既然日本政府決定所有人都在船上隔離，我們也只能咬牙撐下去。

但也有令人振奮的消息，我在直播時就提到，有位確診的台灣婦人，送醫後受到日方良好的照顧，正在順利復原中，甚至還能每天曬到太陽，預計二月九日可以出院。只能自我安慰，新型冠狀病毒，雖然傳播迅速、感染率高，致死率不像SARS那麼恐怖，萬一不幸感染，有健全的醫療，應該也可以康復。

| 第 3 章 |

突圍

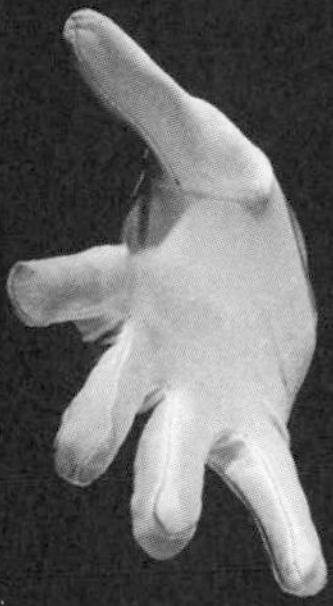

開直播求援喜脫困

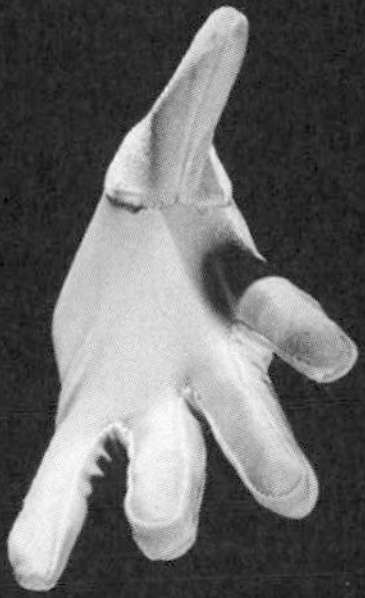

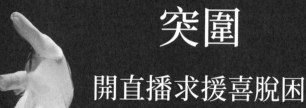

開直播後，媒體熱衷採訪我找新聞題材，卻也帶來小小的煩惱。我在二月七日直播中就忍不住呼籲媒體大哥大姐們，別再問我為何船上會有這麼多人感染，我既不是醫生，也不是病毒，真的要了解，恐怕就只能去採訪病毒大哥了。我更怕把標題移花接木，說是我認為是接觸傳染、飛沫傳染甚至是中央空調傳染……當時橫濱的氣溫是五度左右，不開空調會冷到受不了，想呼吸新鮮空氣，就利用下午的放風時間去甲板透氣吧！

船上的物資，從隔離開始就短缺，包括洗髮乳、牙膏等存量都見底；靠岸後，日方優先補充的是水、口罩等物資，更特別的是發了腋溫計，要大家每天量體溫。我每天至少量四次，而且左腋量完再量右腋，確保準確沒誤差。原本日本政府禁止寄物資上船，雖然有補給，但每個人的需求不同，我後來忍不住在直播時呼籲，希望能開放寄物資上船，終於在二月十日獲得同意，趕忙列了泡麵、藥品、維他命等一長串的採購清單，傳給在東京的朋友，解決燃眉之急。

東京的朋友當天就把我需要的物品買齊了，而且專車送到橫濱港。收到一箱的物資時，我差點掉淚。令人感動的，還有每天船長的廣播，他總會說，每一天都是充滿挑戰的一天，感謝所有乘客的配合、鼓勵與幫忙，有些乘客也會寫信、寫私訊鼓勵，讓船長也覺得很窩心。船上的病例數與日俱增，二月十二日，已經飆到一百七十五人確診，連登船檢疫的官員都中鏢，誰都不知道，下一個會不會輪到自己，精神壓力不是局外人可以想像，就是靠著乘客間互相鼓勵打氣，才能堅持到最後一刻。

到甲板上散步曬太陽，是許多人整天中最引頸期盼的時刻。如同在游泳池左去右回般，保持距離依序往前走，維持運動量，大夥沒有太多交談，卻有滿滿的正能量。惟獨有一天，我看到一位年約八十多歲的奶奶，傴僂著背吃力的邁出步伐運動，我忍不住紅了眼眶，老人家這麼努力維持生命力，後生晚輩又豈能對病毒豎白旗？

◆ 日本老奶奶拄著拐杖到甲板透氣

身為魔術師，同在遊輪上，我也想有些貢獻。遊輪上的電視可以收看短片，知道船公司發布的訊息，隔離的第一天開始，我就推出了 Magic of the day 短片，每天變個三十秒到一分鐘的節目，帶給旅客們歡樂。例如我招牌的咳嗽時吐出撲克牌，此時就很應景，也符合我變魔術帶給人們歡樂正能量的期許。節目推出後頗獲好評，有外籍旅客發推特致謝，說兒子看得很開心。我在船上的四場表演，少說有數百人看過，當他們看到我在電視上變魔術，知道 SUNNY CHEN 還在船上，也跟他們同樣接受檢疫隔離，多少也是一種安慰。

網友們不光是加油打氣，偶爾也會來踢館。有人就吐槽說，這魔術師的脫逃術完全不及格，不然怎麼會身陷病毒窟？我只能苦笑自我安慰，或許是二〇一八、一九年在桃園棒球場 Lamigo 主題秀，表演瞬間移動、極限脫逃太成功，網友印象深刻，才會有這種反應。網友的無厘頭問答，還包括「可以變錢送我嗎？」我的標準答案是，「可以啊，但我的戶頭錢會變少」，彼此哈哈一笑解圍。

即使是最艱難的時刻，也仍然有溫馨的火花。二月十四日是情人節，船員們貼心的發送了巧克力，對許多夫婦、情侶而言，患難見真情，這肯定是畢生最難忘的情人節。

隨著隔離的日期進入尾聲，心情也跟著七上八下，二月十四日傳來好消息，日方決定二月十九日結束隔離，讓大家下船。但感染人數每天飆升，除了擔心自己中鏢，還擔心日本政府會突然以疫情失控為由，宣布一旦繼續有人感染，隔離日期就自動延長十四天，那我豈不是像電影無間道的臥底警察，隨著案子不斷增加，一輩子都得臥底別想上岸？

還好二月十五日，日方開始積極對全船約二千五百名旅客檢疫，預計在二月十九至二十一日，讓大家分批下船。二月十七日，台灣方面也傳出令人振奮的消息，將於二月二十一日派包機來東京接運旅客，船公司也於十八日，開始登記即將上岸的旅客名單。歷經焦急的等待，二月十八日我終於見到檢疫人員上門，完成了採檢，只要證實是陰性，再過兩天，我就可以結束這將近一個月的漂流苦難。

但台灣檢驗只要四小時就知道結果，我卻等到十九日都還等不到檢驗報告。當時已經有旅客陸續下船了，日本旅客被帶到車站後就解散，完全不用居家隔離，還有人直奔壽司店大快朵頤，引起媒體大幅報導。台灣旅客也有數人下船，先入住旅館，等待隔天的包機。我對日方的作業速度頗有疑慮，深怕直到二十一日都拿不到報告，詢問代表處該如何處理？得到答案是，包機不等人，如果搭不上，就得自己設法買機票回台。

到了二十一日的關鍵時刻，檢驗報告還是不見蹤影，拿不到就無法下船；駐日代表處幫忙詢問，也沒有答案。解鈴還須繫鈴人，我央求船上主管協助，他帶我直奔檢疫人員在船上的辦公室，說明來意後，對方查詢名單，告訴我天大的好消息，檢驗結果是陰性未感染。懸在心中一個月的大石頭終於落了地，我差點沒喜極而泣。但接下來雞同鴨講的場面，卻讓我差點昏倒。問官員何時可開立合格證明，讓我離船登機？他卻回答說，不需要證明，我已經在許可名單上，現在就可以離船。我怕口說無憑，到了機場，沒證明登機被拒就慘了，堅持一定要開立證明，卻遭到拒絕，雙方在辦公室內僵持。眼見時間一分一秒過去，我索性坐了下來，告訴官員沒拿到證明，就一直坐下去，不打算離開。此時已近中午用餐時刻，他嘆了口氣，終於讓步，列印了一張彌足珍貴的檢驗證明給我。

拿到證明後，我先傳訊息告知駐日代表處，接著直奔船艙，以最快速度收拾行李，抱著心愛的筆電，飛奔下船登上在港口等候的接駁巴士。離船的心情很像出獄，由於取得報告的過程太驚險，回台灣後，媽媽才告訴我，原本駐日代表處已經要她做好心理準備，我可能沒法如期下船搭包機回台，還好這最壞的狀況並未發生。

駐日官員很貼心，謝長廷代表還親自到橫濱港向旅客們致意，下午二點啟程前往羽田機場，醫生量完體溫後，終於順利登上華航包機。看到同在船上隔離的十多位夥伴，儘管全身被隔離衣、護目鏡包得密不透風，從雀躍的眼神就可以感受到彼此心靈的悸動。

穿隔離衣前，工作人員讓我選擇是否穿紙尿布，這很難抉擇，按理東京到台北才四小時，應該不需要，就怕飛行途中，萬一內急非得上廁所，穿脫隔離衣很麻煩。機上大家都很配合，口罩全程戴到底，吃喝都免了，降落在桃園機場時，看到了數百名穿著白色防護衣的化學兵與工作人員，連陳時中部長也不辭辛勞，大半夜還到了現場，千言萬語只能用一句話形容，回家真好，感謝所有人不眠不休的努力，讓我們結束這一個月的夢魘。

或許是防疫中心有意讓橫濱模式，成為日後包機的典範，全程採取最高規格。全部旅客下機後，先到醫院負壓病房隔離二天，我也見識了台灣在防疫上的謹慎，從進醫院開始，就有專屬通道直抵病房，與一般病患看診的動線區隔，防範交叉感染。回想在遊輪上，日方連隔離動線都沒規劃，以致於檢疫官員自己都感染，二者真的有天壤之別。

進病房後，先做採樣檢測，此時心情緊張到最高點。雖然遊輪上已經做了測試，而且是陰性，但我對日本的檢驗完全沒信心，很怕自己把病毒帶回台灣。第一次檢驗報告出爐，所有人都是陰性，院方按程序，十二小時後又檢驗了一次，結果仍是全部過關，我們終於可以放心，不再憂慮自己會成為台灣防疫的破口。

◆ 鑽石公主號台人終能搭機返台

有別於日本旅客下船後一哄而散，即使二採陰，我們還是要歷經十四天的集中隔離。對於這樣的政策，我沒怨言，也很樂於配合，此時此刻大家都怕把病毒帶回家，感染親愛的家人，遊輪上都待了快一個月，「順時中」多隔離十四天，也甘之如飴。惟一掛心的是，隨身行李按規定也要十四天後才能打開，還好最寶貝的筆電與手機沒塞進行李中，隔離期間不致於與外界斷了連繫。

到了隔離所，不難發現官員們仍是繃緊神經，大家不僅口罩戴緊緊，連進房間搭電梯，都一次只限一人，嚴禁一擁而入。連送餐程序都很講究，送餐人員先將餐盒放在門口，離開後再廣播請大家取餐，彼此完全沒接觸，隔絕潛在感染風險，由小細節就不難發現，台灣能成為防疫楷模，可真的是費盡苦心。隔離房間大約五坪大，有電視、床、書桌等簡單的傢俱，房間內已經貼心的放置了換洗衣物、泡麵、零食等生活用品。要是覺得悶，可以開窗看看遠處的山景，但窗子被固定住，只能開大約四分之一，原本以為是防逃跑，後來發現更深層的用意，是怕有人壓力大想不開跳樓尋短。家屬寄物資，包裹要經過檢查，如果有刮鬍刀、指甲刀也都會被攔截，都是為了安全考量，畢竟在壓力下，什麼狀況都有可能發生。

隔離期間，傳來鑽石公主號離船的日籍旅客，檢驗又中鏢的消息，讓我的心情又七上八下，深怕病毒潛伏在體內，跟著我回家釀成社區傳播怎麼辦？指揮中心也怕日本的狀況重演，隔離期滿前四天，安排所有人再驗一次，這次一口氣抽了四管血，應該是驗得很徹底，最後消息傳來，十九人全部過關，總算可以安心回家了。

最值得期待的時刻，終於在三月六日到來，過了半夜十二點，隔離期正式結束，所有人全部過關，陳時中部長到了隔離所，送給每人一束花，大家戴著口罩點蠟燭切蛋糕，一場疫情讓十九個陌生人，緊緊結合在一起，成了抵抗病毒的戰友。隔著口罩吹蠟燭不方便，也怕飛沫傳染，最後是在歡笑聲中手搧蠟燭，這應該是這輩子最難忘的慶生會。有些旅客迫不及待，半夜就踏上返家之路，我選擇睡飽天亮再回家，那一夜百感交集，伴隨著天亮的曙光，我拎著行李步出隔離所，心情激動宛如重生。

事後得知鑽石公主號船員及旅客三五〇〇人，最終將近七〇〇人確診。換句話說，五人中就有一人可能感染，在如此險峻的環境下，自己最終能夠平安度過這個難關，真是老天保佑！我只想說：平安回家真好，特別感謝台灣第一線的醫護防疫人員，你們辛苦了！

◆ 步出鑽石公主號，心情激動宛如重生

| 第 4 章 |

追求

七歲開始的魔術之旅

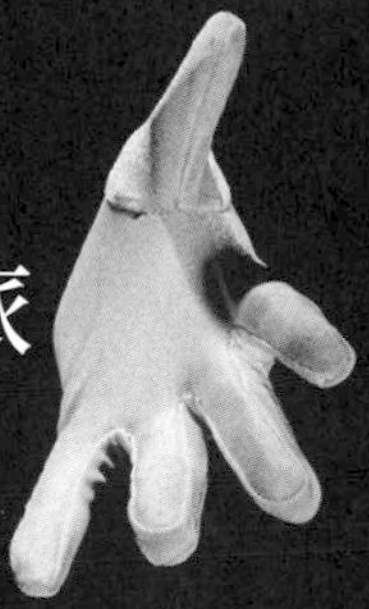

許多人很好奇，畢業於政大經濟系的我，怎麼會選擇成為魔術師？這要從我的曾祖父、祖父說起，他們二位都是道師，也就是台語俗稱的「師公」，經常受喪家邀請舉辦法事，透過誦經等儀式超渡亡魂，無形中也撫慰了家屬的心靈，因此在鄉里間頗有名望。我的爸媽則是壽險業務主管，口才好且擅長與人溝通。或許我從小就遺傳了父執輩的表演基因，活潑外向且樂於站上舞台面對人群，帶給大家滿滿的正能量。

回想小時候，偶爾住在新北市雙溪祖父家的日子，看他穿著道袍，帶領徒弟們，拎著二、三箱行頭，外出做法事的身影，似乎就是我現在帶助理出門演出的縮影，只不過祖父念的是經文，我表演的是魔術，但同樣都有心靈療癒的效果。

從事壽險業的父親，最大的嗜好是看電視上的大衛魔術表演，還有帶我們去球場看棒球賽，我從小耳濡目染，幼稚園畢業紀念冊上寫著，長大後想當棒球國手，可惜身材太單薄，沒法如願。父親對魔術的喜好，倒是深深影響了我；速食店送的魔術小玩具，讓才七歲的我深深著迷，玩到愛不釋手，魔術的種子也在腦海中逐漸萌芽。

小學三年級時，有書商來學校擺攤賣書，一本《小小魔術師》吸引了我的目光，這是我初學魔術的入門，這本書至今仍在我的書架上。買來後我一頁頁仔細翻閱，將書中硬幣、撲克牌等初級魔術融會貫通，再一一變給家人看，大家驚喜的讚歎，是我最大的滿足，也讓我對魔術更為著迷。

小學校園中雖然學不到魔術，但有位高老師，教學特別強調創意，對我日後的演出生涯有不小的啟發。那時候寫作文，往往流於起承轉合的制式化模式，高老師卻要我們發揮想像力，作文也可以寫得像小說，讓我留下深刻印象，日後構思魔術時，也更敢跳脫窠臼，勇於與眾不同。

上了國中之後，沉重的升學壓力隨之而來，每天為了考試拚高分，當個品學兼優的好學生，無暇再兼顧魔術。聯考前的衝刺階段，壓力大到想找紓壓管道，又開始偷偷練習，在魔法的世界中，可以短暫脫離枯燥的課業，讓我獲得一點喘息，重新出發時，變得更有抗壓性。

高中放榜，我考上了內湖高中，家住新莊，當時又沒捷運，每天來回要花四小時通勤，但我卻很快樂，因為高一到高二，我花了大量的時間，參加了康輔社，學會了不少才藝，戲劇、主持、乃至於帶動唱都有涉獵，沉睡三年的表演細胞，瞬間又活化起來。

對我而言，魔術有著不可抗拒的吸引力，升學壓力愈大，我愈是渴望鑽研魔術。為了驗證自己的實力，我帶了撲克牌到學校，下課時把小學三年級就會的魔術變給同學看，沒想到一變成名，連隔壁班的學生都跑來圍觀，我索性回家翻翻多年前買的魔術書，再學個幾招，到補習班過過表演癮，大家都看得興味盎然，也讓我更加確信，自己對魔術應該有天賦。

高二升高三的暑假，同學們開始為了大學衝刺，我一邊念書，對魔術的熱情也與日俱增，不僅常常去買魔術書來練習，還到過羅賓老師的店裡去買道具，參加過他的魔術講座，感受到羅賓老師對後輩的關懷，這次受困在船上，羅賓老師也發簡訊來加油打氣，是位令人尊敬的前輩。

我的零用錢，幾乎都花在魔術上，高三時還曾特地由新莊到板橋，以一招一千二百元的學費，向一位莊惟棟老師討教。莊老師曾是數學老師，也是我魔術的啟蒙老師，在他身上我學了不少的魔術原理與手法，強化了魔術的基本功。

變魔術少不了道具，我買不起太昂貴的行頭，只能從簡單的入手，當時台北SOGO有魔術專櫃，我常常去尋寶，但荷包實力不足，只能偶爾買個一樣過癮。現場銷售人員只能簡單講解，回家後還是得不斷練習，才能融會貫通。但學會之後變給爸媽看，他們都嘖嘖稱奇，讓我覺得錢沒白花。

印象更深的是，同好介紹，有位楊先生常在台北車站附近賣道具，看他變橡皮筋的手法出神入化，當場忍不住就掏錢買了，打開一看有點傻眼，裡面只有一張說明書，二條橡皮筋，回家照著練習，始終不得要領，後來還是自己找錄影來看，才掌握精髓。總之，高三這一年，四處探訪學藝，加上勤於練習，打下了我的魔術根基。

變魔術成了我面對高三課業的最佳調劑，卻也愈來愈入迷；直到指考前一個月，我突然警覺，如果再繼續沉迷魔術，考上理想大學恐怕是作白日夢。當下我就將所有魔術道具收進了櫃子，怕自己意志不堅定，還把床拉過來，抵住了櫃子門口，發誓要考完指考，才能讓道具重見天日——沒想到才忍半個月，我的魔術癮就發作了，每天朝思暮想、魂不守舍，考前半個月，終於忍不住將撲克牌拿了出來，手指重新摸到牌那瞬間，整個人好像通了電，精神為之一振，彷彿活了過來。

變魔術講求成就感，需要的是觀眾的鼓勵與掌聲，我把玩撲克牌，恢復手感

♦ 高三的陳日昇勤練魔術

之後，就偷偷將牌帶去了補習班，準備下課時，給同學來一些娛興節目。當時補習班倒數計時的衝刺氣氛，緊繃到最高點，學員頭綁必勝的布條，上課前甚至還要喊口號激勵士氣。下課時，我秀了幾招撲克牌魔術，立刻造成轟動，不僅同學們奔相走告，最後連老板著臉的值星官，也慕名而來看我變魔術，一夕之間，我成了大家的開心果。

或許是魔術真的有魔力，讓我心情放鬆得以全力應考，竟然拚出了全班前三名的好成績，原本設定目標是台北大學或中山大學，沒想到國文七十多分、英文八十多分、數學六十多分，憑著這三科的超水準演出，我錄取了政大經濟系，也讓家人雀躍不已。

【掃描 QR code 看影片】
神奇鈔票魔術，一分鐘就能學會

| 第 5 章 |

成長

我的變變變

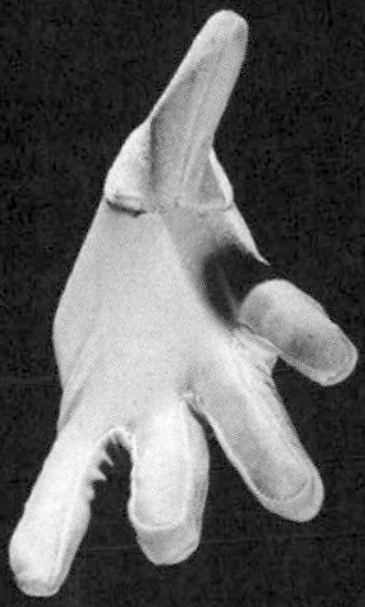

上了大學以後，甩開了升學壓力，我更能隨心所欲的參加社團活動。參觀社團博覽會時，最吸引我的當然是魔術社，等到加入後，看學長們變的魔術，更讓自己燃起了希望，加上高中時有經營社團的經驗，大一下決定出馬競選魔術社長，果然也順利當選。

大學時，我搬進了宿舍，省下了通勤時間，可以更全心投入魔術社的活動。在我的帶領下，魔術社規模迅速擴增，由大一時的十二人，擴充到大二時的四十人，大三那年更激增至一百人。我四處參加魔術講座，上網搜尋影片，增進自己的技巧，還經常探訪羅賓、粘立人等前輩的魔術店購買道具，功力也隨之突飛猛進。

政大自由開放的學風，激發我的想像力；由於大學生沒經濟基礎，道具只能土法鍊鋼，多找紙牌、硬幣入手，思考如何在舞台上做到最酷最炫。觀看大師的表演後，除了破解箇中奧妙，更要求自己也能快速上手，還得努力思考如何改良，以求達到青出於藍而勝於藍。大二時，我創作出全球首見的「八人隔空抓燈」，在自己的魔術生涯上，寫出了值得紀念的一頁。

手指燈源起於外國魔術師，也就是魔術師可以憑空在舞台上，讓自己的手指出現光點。只要參透玄機，它的原理並不難，但演出時只有一個人唱獨角戲，舞台效果稍嫌不足。當時大陸的「千手觀音」表演很叫座，由二十一位聾啞舞者表演，最初於二〇〇四年九月二十八日雅典帕運會閉幕式演出，之後於二〇〇五年大陸央視春晚表演，堪稱是全球注目。我從中得到靈感，召集八位同學，在舞台上表演隔空取燈，除了每個人要熟練手指燈的技巧，八個人還要排隊形，動作得整齊劃一。幸好大學生有的是時間，可以勤加排練；正式上舞台演出時，這段四分鐘的表演，果然造成轟動，甚至還上了電視，由於是我的點子，現在想想還頗為自豪。

或許有人會問，在我的職業演出生涯中，怎麼沒再重現這套「八人隔空取燈」的表演？原因在於，要找八名專業舞者排練，而且還要確保大家守口如瓶，人力成本昂貴且難度太高，就台灣的魔術環境中不可能實現。在大學時，雖然手頭拮据，但相對時間人力充足，可以盡情實踐夢想；站上了職業舞台，往往就得遷就客戶想法去設計橋段，沒法再隨意發揮，因此我偶爾會回到政大校園，重溫當年的美好歲月。

魔術表演難免有小意外，一不小心就會受傷。我還曾被魔術棒夾到手，雖然痛得差點掉淚，還是得咬牙繼續演出，後來看到白色的絲巾染紅了，才驚覺自己掛彩了。但比起表演時被火燒傷，這應該只算小意思。

隔空取燈的同一晚，我還表演了另一段精心設計的「漂浮玫瑰」。請來了經濟系同學彈鋼琴伴奏，營造出約會的浪漫場景，接著我掏出紙巾，摺成了紙玫瑰示愛，接著玫瑰漂浮在空中，引來現場一陣驚呼。但我還想要多些變化，於是掏出打火機，點燃了紙玫瑰，在燃燒的火焰中，幾秒後竟然變出了一朵花，送給我的阿娜達。

這段魔術的原始結尾，是燒出一朵花，我覺得氣勢不夠，稍加改良，可以變出一束花，視覺效果更感人。沒想到演出那天，因為化了妝，我的頭上抹了髮膠，這是極度易燃物，偏偏點燃的火勢又比預期大，火苗瞬間往上竄引燃了髮膠，我的頭髮頓時開始冒煙，觀眾一陣驚呼，以為是特效演出，我只聞到焦味，渾然不知自己已經引火上身。還好髮膠量少，火很快就熄了，才沒釀成重傷。回到後台，一陣劇痛襲來，才發現除了頭髮，瀏海乃至於眉毛都有燒焦的痕跡，如果再差幾公分燒到臉，恐怕就有毀容之虞。髮型師為我修剪焦髮時，也直呼我很幸運。

另一次玩火的意外，是要將手中的紙點燃後拋開，沒想到紙有黏膠，沾在手上後黏度甚高，點火後完全甩不掉，我的手就活生生的被火烤了幾秒鐘，頓時起了大水泡，只好趕到萬芳醫院掛急診。醫生問我怎麼燙成這副德性？我很坦白的告知，練習魔術出了意外，他與護士互看一眼，當場笑了出來，受傷也能帶來歡笑，成為我魔術生涯中最難忘的回憶。

大學的表演，也讓我初次見識到魔術的商機。魔術社有了知名度後，我也會接些學校或節慶活動的配合演出，酬勞大約是二至三千元。大二時，有安親班業者找上了魔術社，希望能在寒暑假教小朋友魔術才藝，我跟同學們雖然僅有在社團教學的經驗，對象多是大學生，為了推廣魔術，還是接下了這個高難度任務，也開啟了我的魔術教學生涯。

教小朋友魔術事前準備很費心，有別於舞台演出，教室內的小朋友，就圍在旁邊看，一有破綻很容易被天真無邪的學生們吐槽。更有趣的是，他們表演時會發揮想像力改台詞加旁白，魔術師通常不會拿政治人物當梗，以免被貼上政治標籤，但小朋友會自己改台詞，連阿扁、馬英九都會出現在他們的旁白中，讓我嘖嘖稱奇，小學生對時事的了解，遠超乎大人想像。

安親班的演出很叫座，我在暑假時，早上九點開始教課，早上三堂，下午再三堂，一周可以教二十小時，一個月收入可達六、七萬。為了充實教學內容，我們曾接洽道具商，一次買進上千個道具，大學生竟如此大手筆，著實讓對方嚇了一跳。小朋友學魔術都很有熱情，而且學完之後馬上變給同學看，瞬間自信心十足！魔術的背後就是一門科學，兒童魔術教育就是「寓教於樂」最好的體現，能夠激發想像創造力，培養邏輯思考及口語表達能力，並且建立與觀眾的同理心。很多父母看到孩子願意克服恐懼，上台大方展現，就彷彿看見真正的魔法。我當年在安親班教的國小學生，現在都已經大學畢業了呢！在教師節出生的我，可能真的有當老師的使命。

魔術教學雖然少了些掌聲與成就感，但可以提供穩定收入，我也靠這筆外快，增添了不少道具，直到入伍後，才暫時中斷了教學工作。除了教學，我們也會做公益演出，經常造訪政大後山的安養中心，為長輩們表演魔術秀。由於年事已高，長輩們的視力與聽力多有些退化，因此演出的動作要大，聲音要宏亮，而

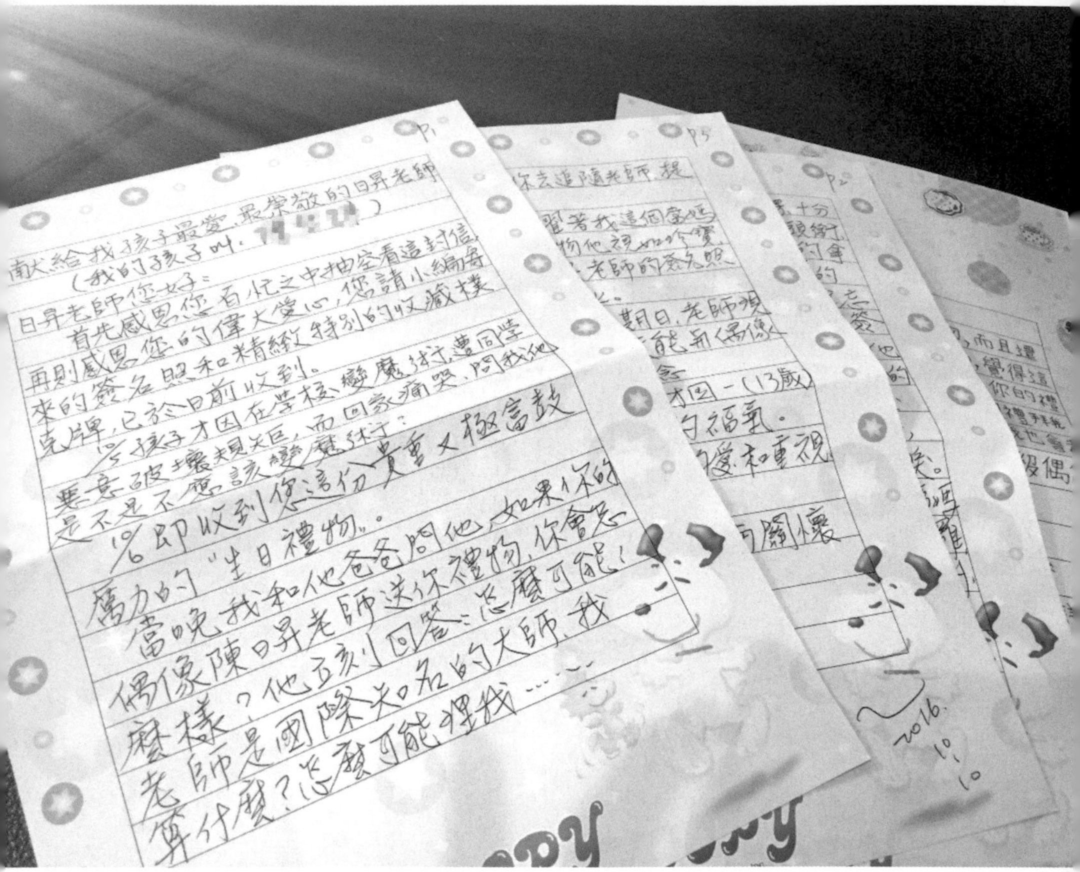

◆ 一位母親替熱愛魔術的孩子寄來溫暖的感謝信

且效果要很直接，不能拐彎抹角，才能吸引他們的注意。雖然是無償演出，這樣的訓練，對日後舞台表演卻是很寶貴的經驗，讓我懂得如何迅速吸引台下觀眾的目光。

以前任教的安親班，至今仍健全營運，並且持續開設魔術課程，由我的團隊成員支持教學。我偶爾經過，腦海中總會浮現與小朋友溫馨互動的畫面。小朋友真的懂魔術嗎？他們是真心想學，或者只是看熱鬧？我分享一段窩心的小故事，幾年前收到了一封手寫信，來自一位深愛孩子的母親，信上寫著：

日昇老師您好：

孩子因為在學校變魔術，遭同學惡意破壞規矩，回家痛哭，問我他是不是不應該變魔術？我們上網跟您聯絡後，隔天即收到您這份貴重又極富鼓勵的「生日禮物」。

當晚我和爸爸問孩子，如果你的偶像陳日昇老師送你禮物，你會怎麼樣？

他立刻回答：「怎麼可能!?我算什麼？老師怎麼可能理我！」當我將信封交給孩子時，他先一愣，十分疑惑的唸出信封上的地址與頭銜，立刻剪開信封，映入眼簾的是老師帥氣的簽名照及生日祝福，那畫面我永生難忘……孩子大叫：「哇！怎麼可能！」後來他哭了，我也哭了，再拿出那份特別的收藏牌時，孩子又驚又喜！眼淚沒有停過！孩子的眼底，閃耀著我這個當媽從未看過的光采，禮物他視如珍寶，每晚都要把玩，日昇老師，您對一個不相識孩子的愛護和重視，這份恩情已深植他心！感恩老師給孩子的愛與關懷，感恩小編的協助，感恩老天給的緣分。

一位感恩您的母親

當我看到這封信時，真的很感動，我想告訴這位偉大的母親，謝謝你，如此支持著孩子的夢想，也讓我有幸參與到這麼有意義的事。我也想告訴這位同學，你有很棒的爸爸媽媽支持著你，所以找到喜歡的事，就要堅持，完成自己的夢想，加油！

因為魔術才藝，大學時我就上過張菲主持的綜藝節目，當時是表演偽裝成瘋狂修女，讓台上來賓猜誰才是正牌貨，我演得很逼真，騙過了不少人，最後卻因為腳上的皮鞋露餡破功。但與菲哥互動時，我刻意咳了兩聲，接著吐出了好幾張牌，現場驚呼連連，戲劇效果十足，這招「咳嗽吐牌」也成了我的招牌演出項目，當兵時仍有不少長官，一見到我就想到吐牌的魔術師。

這場魔術演出，也讓製作單位察覺到魔術的魅力，開始籌備「大魔競」節目，我也加入協助規劃，可惜節目推出時，我正好要去當兵，錯失了演出機會，但不少魔術師都曾上過「大魔競」，帶動台灣的魔術熱潮，也算是我對魔術界的小小貢獻。

許多人會認為懂得變魔術，應該會有助於把妹，坦白說我大學時並非女生眼中的白馬王子，曾有過心儀的對象，但她對我不來電，從此魔術就取代校園情人，成了我生活重心。大三、四時跟著同學去夜店，同學起鬨要我變魔術撩妹，我不好推辭秀了幾招，現場氣氛果然嗨到最高點，但美女我一個都沒把到，反而是男生個個都想學，覺得這是追女朋友的利器。這就樣，我政大四年愛情這門課沒拿到高分，但卻有許多感情深厚的哥兒們。

有著魔術師的光環，卻在情場吃癟，許多人覺得不可思議，我卻一點也不意外。首先，我的外型與家世與許多女生最愛的高、富、帥大相逕庭。小時候，家境還算小康，但從事壽險業的爸媽，工作非常繁忙，我從小與弟弟就是鑰匙兒，下了課獨自回家，自己找外食填肚子，乖乖寫功課；高中時，父母的工作有些狀況，父親赴大陸希望能再創事業高峰，留在台灣的母親健康卻亮起紅燈，情緒難免不穩定，我要照顧媽媽和弟弟，承受不小的壓力，這可能是我積極鑽研魔術，尋求紓壓管道的原因之一。

我從小體格就瘦小，大學時不到五十公斤，怎麼都不胖，可能遺傳了爸爸也精瘦的外型。媽媽總安慰我，長得人高馬大有何用？最重要的是腦夠用就好。即使近兩年上了遊輪，美食隨你吃到飽，我現在也不到六十公斤，沒有高富帥的天生優勢，就只能靠獨特才華來打天下了。

雖然等不到愛神眷顧，政大四年我卻結交了多位相知相惜的好朋友。經濟系的課業並不輕鬆，為了魔術蹺課，總有人借我筆記應急，讓我考試時總能低空飛過。即使有些科目不幸被當，最後也能順利畢業，免除了延畢的危機。系外則有些志同道合的摯友，在我日後的魔術專業演出生涯，給予不少助力。外界總會提醒高中生，要依著自己的興趣填志願，選系不選校，但對於懵懵懂懂進了政大的我，卻覺得選校遠比選系重要。政大文風薈萃，四年累積的情誼，許多同學都成為我日後表演生涯最重要的助力。

大學畢業時，為了讓魔術生涯留下完美回憶，也考驗自己，我決定辦一場畢業個人秀，而且採用售票演出，驗證自己的實力。當時還沒有什麼知名度，當然不可能去租大型場地，實驗劇場大小的舞台最適合，幾經物色相中了師大附近，位於泰順街的卡米地俱樂部。二〇〇七年十一月十七日演出當天，原本只有三十個座位，湧近了約七十位來賓，現場擠到門都關不了，而且大家都是自掏腰包，買了每張三五〇元的門票，讓我倍感激勵。

生平首度處女秀，節目總長約七十分鐘，我找來二位學弟當助手，使出渾身解數，秀出了畢生所學，不論是互動、近距離魔術，都獲得了觀眾的好評。連剛剛學的鴿子魔術，也因學弟幫忙，順利借得鴿子後，首次在舞台上演出，為大學四年的魔術之路，劃下完美的句點。

【掃描 QR code 看影片】
2005 年政大魔術社八人
創意手指燈

【掃描 QR code 看影片】
大四登台演出撲克牌魔術

| 第 6 章 |

虛實

魔術師馴鴿的祕密

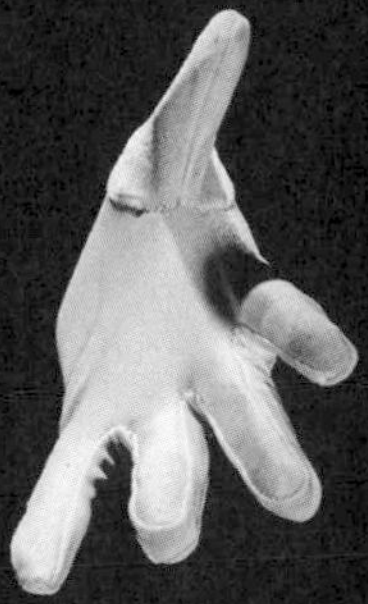

◆ 深受觀眾喜愛的鴿子秀

畢業後當兵，第一個月上成功嶺新兵訓練，我被分發到打飯班，負責搬運飯菜、碗盤清潔等餐飲服務工作。剛入伍時，精神壓力很大，加上報到時行李有經過檢查，撲克牌這類的魔術道具自然不宜攜帶，以免部隊長官以為我想聚賭，被列入黑名單。

忍到第一次放假外出，我就將朝思暮想的道具帶了回來，此後撲克牌、橡皮筋等小道具不離身，隨時變幾個魔術娛樂同袍。這一變立刻打響了知名度，有位資深的魔鬼學長，要求很嚴格，又喜歡操我們這些新兵，大家看到他避之惟恐不及，我用兩條橡皮筋秀了一手，讓他看得目瞪口呆驚呼連連，以後看到我，就指定要看魔術，我們班上因此免了許多公差，我成了大家的救星，好人緣更上層樓。

我大學上過菲哥的節目變魔術，在部隊私下露幾手後，勾起許多人的記憶，長官們得知，電視上的魔術師竟然就在成功嶺上，遇到有餐會，也會邀請我出席變幾招，順便來個現場教學，效果絕佳，總能夠賓主盡歡。長官愛屋及烏，我們連隊多了不少福利，也算是我的額外貢獻。

成功嶺新訓結束後，我思考如何一邊服役，一邊能延續魔術表演，於是參加徵選，順利錄取加入本部位於中興新村的反毒大使團，相當於替代役中的藝工隊。服役十一個月，除了成功嶺一個月的新訓，其他十個月，我都在大使團心無旁騖的練功，魔術功力更上層樓，由於生活規律而且固定運動，我的體重激增了七公斤，以前的小排骨身材，逐漸長出了肌肉，讓我自信心倍增，這些都是當兵的意外收穫。

廢省後的中興新村，環境很清幽，遠離市區很適合沉澱心情。大使團每天的作息，是先到辦公室打卡，接著就到練習室，各自練習才藝。雖然沒有師父指導，我已習慣自行上網找資料，看教學影片，然後思索如何改良，接著開始修正練習，成為自己的絕活。

大使團員中臥虎藏龍，雖然魔術專長只有我一人，但其他團員不乏在國外比賽得獎的音樂或舞蹈高手，與他們互相切磋、觀摩長處，拓展了我的表演視野，站上舞台更能展現魅力。大使團一個月的演出大約四場，對象以國、高中生為主，也會到養老、育幼院做公益演出，如果觀眾是莘莘學子，通常就主推反毒宣導，演出情境劇，團員們就各自的角色扮演，化身成演員，我的魔術比較難派上用場；如果是公益演出，我就有相當的發揮空間，既可身兼主持人，又能變身魔術師，一開始先用幾招簡單的魔術帶動氣氛，接著脫口秀魔術、近距離魔術、互動式魔術紛紛登場，保證讓觀眾看得頻頻叫好。十個月不間斷的演出，除了精進我的魔術技巧外，觀察現場的反應，更對我精進演出的口才大有助益。

以斷頭台魔術的開場為例，我會說斷頭台雖然看起來很驚險，但大家不用擔心，這麼多年，我只失敗過一次，今天是第二次演出……，語畢，等個一秒鐘，俟觀眾會過意後，全場就會哄堂大笑。經過十個月的磨鍊，我自認脫口秀魔術有八十分的水平，邀觀眾上台互動，更是我的強項，效果可達九十分。

儘管沒有特別要求，但大使團的成員自我要求甚高，入伍時剃了三分頭，為了演出效果，我甚至去買了假髮，長官也常邀我出席餐會，給貴賓們意外的驚喜。在中興新村時期，天天苦思突破，最後練出了一項獨門絕技——手轉球變色。將球放在手中，轉著轉著球就變了顏色，手再轉幾下，顏色又變了回來。這項變色球絕招，後來融入我參加魔術大賽的節目中，一開場就立即吸引觀眾的目光，是贏得二次冠軍的重要元素。

為了增加演出效果，我當兵時甚至連鴿子秀都樂意嘗試。鴿子是魔術師最常用的寵物道具，鴿子生性太野，表演用的鴿子，幾乎都是白斑鳩，它們比較溫馴，力氣比鴿子小，演出時願意聽從指揮，比較不會有突發狀況。

為了培養默契，魔術師的白斑鳩大多是自己養的，我目前家裡也養了三隻，每天咕咕叫，吵得很難入眠。從和平東路鳥街買來的小白斑鳩，回家後要訓練牠站立、停留，最後到達即使在人多嘈雜的場合，也能乖乖安靜，不出聲也不亂動，以免當場穿幫。

平時得注意營養控制，以免白斑鳩變胖，到時想讓牠隱形，就會難度倍增；除此之外，還得定期修剪翅膀，以免牠太愛飛不受控。如何調教白斑鳩，魔術師彼此會交流心法，更得常常上網找影片，隨時補充新知。白斑鳩一周平均要排演二次，讓牠熟悉演出流程與動作，演出前盡量讓牠待在暗的地方，出場時就不會好動亂叫，避免表演出意外。

我在二〇一一跨年時，就演過鴿子秀，那次現場人潮洶湧的狀況下，仍順利過關。但白斑鳩畢竟不是人，很難一個口令一個動作，國內外演出失敗的案例時有所聞，有臨場不聽指揮，繞著全場飛，讓助理在後面追的，更出現過很不給面子，當場大便在客人頭上的，天降黃金說有多尷尬，就有多尷尬。

當兵時為了將鴿子融入表演中，我特地到草屯虎山路的鳥園去挑選。到了現場有點傻眼，沒有要的白斑鳩，只有野鴿子，只得硬著頭皮買回來，希望牠們也能孺子可教。沒想到鴿子比白斑鳩狂野許多，揮動翅膀的力道驚人，站在手上一緊張，雙腳用力一抓，爪子緊扣手背，可是會讓我痛得哀哀叫。儘管野性十足，在我循循善誘下，幾隻鴿子還是跟我培養出默契，圓滿完成演出。

惟一的意外是，第一批鴿子買回來後，我將牠們的籠子放在戶外，考量空氣良好而且不會吵到辦公室的人，沒想到隔天起床，看到現場血跡斑斑，所有鴿子都被開腸破肚，死狀甚為淒慘。我連收屍的勇氣都沒有，只能委託其他同仁清理善後。到底誰是凶手？細心觀察之後，才發現是中興新村的野貓。趁著夜深人靜時，對鴿子發動突襲，雖然隔著籠子，貓爪照樣可以伸進縫中，以迅雷不及掩耳的速度，一把將鴿子抓出來分屍。有了前車之鑑，我改將鴿子養在辦公室，雖然大夥得忍受咕咕叫的噪音，至少可確保這些魔術助手，不會成為野貓進補的獵物。

二〇〇八年十月我拿到了退伍令，再次面臨人生另一階段的抉擇。家人希望我找工作，第一優先考量是公務員，工作穩定而且收入有保障，從沒想過要當職業魔術師。或許是上天的安排，同學介紹了 LANCÔME 的化妝品行銷案，希望我能幫忙動腦，以魔術來突顯產品的特性，我喜歡接受挑戰，一口就答應下來，隨即開始規劃。非常感謝時任蘭蔻品牌總經理的蔣喆敏對我的信任，讓我能大膽發揮創意，用魔術來做天馬行空的行銷發想。

LANCÔME 的新產品是「極限 Z 震動魔法睫毛膏」，是當時頗受注目的酷炫商品，我對女生的化妝品並不熟悉，絞盡腦汁後想出了一個魔術梗，設計一枝魔術棒，瞬間縮小後，就成了睫毛膏，再配上一句深入人心的台詞：「每個魔術師都需要魔術棒，每個女人也都需要魔法睫毛膏」，廠商很喜歡我的創意，辦了個盛大的記者會，請來了藝人天心以及彩妝師 Kevin 老師當嘉賓，與我同台互動。除了睫毛膏魔術外，我加碼演出精湛的鴿子秀，成功吸引媒體注意力，獲得大幅報導。

記者會打響後，睫毛膏魔術接著在百貨公司專櫃每天演出四至六場，搭配彩妝師的講解與促銷，銷量一路狂飆。除了魔術棒之外，為了強調睫毛膏卷翹延長的特性，我除了魔術棒外，還想出了一秒讓叉子前端叉齒彎曲，讓人聯想起睫毛一根根纖長卷翹的意象，搭配魔術棒演出，讓女性顧客看得心花怒放，紛紛搶購將產品帶回家，也開啟了台灣客製化魔術的熱潮。

與 LANCÔME 的合作，我不僅要自己動腦構思魔術與台詞，更大的挑戰是，要訓練一組六到八人的魔術師團隊，在全台專櫃表演，才能同步帶動銷量。我不僅要挑選好手，還要無私的傳授技法與台詞，好讓他們能依樣畫葫蘆，像我一樣與彩妝師搭配，迅速啟動顧客的購買慾。

問題是，人畢竟不是機器，很難照單全收，有些人擅長變魔術，但口條不夠流暢，說服力因此打折扣，有些是口若懸河，擅於帶動現場氣氛，偏偏變魔術的效果差了些，如果一開始沒法以魔術來吸引注意力，後面講得再動聽，也很難聚集人氣，能夠兩者兼具的，得用心去發掘。

電動睫毛膏讓我學到如何滿足品牌需求，創造魔術、商品、廠商三贏的KNOW HOW，接著對方又找我合作防水粉餅，我想出的梗是瞬間將粉餅變入水瓶中，先讓觀眾看到粉餅在水瓶中載浮載沉，緊跟著將水瓶割開，取出粉餅，邀請現場觀眾上台，由彩妝師拿粉餅上妝，充分展現粉餅遇到汗水，擦在臉上仍可以確保晶瑩剔透的防水特性，大家看得嘖嘖稱奇，很難不掏腰包，將防水粉餅帶回家。

與化妝品的合作，讓我了解到如何在展現魔術師個人特質與突顯商品特性中取得平衡，成功的魔術演出，要結合多種要素，有些魔術師偏重在個人技巧，一心苦練鑽研他人難以破解的祕密，卻忽略了許多小細節，例如指甲沒剪藏汙納垢，近距離接觸就會給觀眾不良觀感。為了培養手感，許多魔術師撲克牌不離手，新的撲克牌固然不好變，要耐心「馴服」，但有些魔術師的撲克牌已經練到磨損，甚至帶著汗漬還在使用，就算變得再精采，也都會影響來賓觀看的興趣。

我認為完美的演出效果，除了魔術技法外，還要搭配服裝、台詞營造氛圍，開場時還得巧思，如何讓觀眾迅速融入情境中。這方面外商很重視，不僅關注所有魔術細節，對魔術師的儀容，也是高規格檢視。與化妝品廠商合作這兩年，拓展了我在商業魔術的視野，深刻體會到明星商品不僅自身的競爭力要強，更搭配一流的包裝與宣傳，才能在眾多競爭者中脫穎而出，魔術師的功能，往往就在於畫龍點睛，打造明日之星。

除了化妝品之外，還有微星科技相中我，擔任筆電記者會的神祕佳賓，業者想要強調筆電輕薄的特色，我靈機一動，設計出直接將雜誌的筆電廣告，變出一台實品筆電的橋段，讓現場記者拍案叫絕，後來還加碼演出，與微星科技的徐董事長互動，演出一段冰雕魔術，將現場氣氛炒到最高點。

不只商品魔術，我還曾經在科教館的魔術展中演出，透過密集的舞台表演，練好自己的基本功。科教館的演出場次很密集，最少一天五場，大年初二至初三，甚至一天安排六場，每場一小時，換句話說，魔術師只能利用四十分鐘空檔透口氣，馬上就得再上場。儘管每場酬勞只有數千元，我卻甘之如飴，決心要做到最好，甚至還場場錄影，回家後細看影片，並對照現場觀眾反應，一一修正細節，目標是一出手，就能吸引大家的目光。

有了這次經驗，我對客製化魔術更加得心應手，為客戶產品量身訂製魔術秀，並且傳遞出產品的核心概念及賣點。譬如將Sony最新的防水手機，從清澈的水缸裡變出，增加新聞話題及噱頭；甚至變裝化身成魔法廚師，從空無一物的蒸籠中，變出一道道美味的萬里蟹料理。因行銷效果佳，這幾年獲得許多知名品牌的邀約演出，如IBM、台積電、永豐銀行、遊戲橘子、格蘭父子洋酒、屈臣氏、統一食品、台灣啤酒等。

只要客戶想得到的，我就會努力辦到，因此在業界闖出了名號。

【掃描 QR code 看影片】
2008 第一年正式出道，表演鴿子魔術

第 7 章

希望

國際舞台的獎牌才珍貴

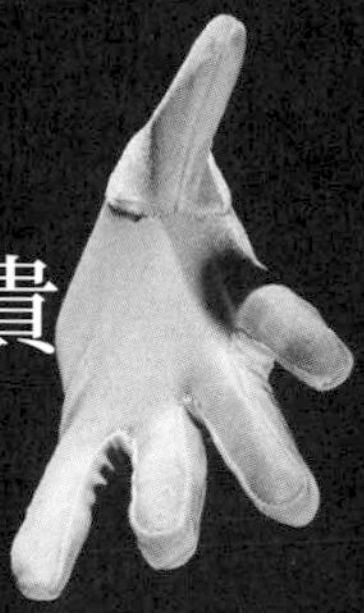

職業演出一年，收入大約等於上班族的薪水，我思考如何突破，開始規劃出國比賽，之前看過國外大師在被譽為魔術奧運的ＦＩＳＭ得獎，我也躍躍欲試，想登上國際舞台，在自己的魔術演出生涯中，添上幾枚「勳章」。

想登上奧運等級的ＦＩＳＭ，當然得先打資格賽，第一步就是得先發想六至八分鐘的舞台魔術，內容必須是原創，而且還要搭配音樂，有些魔術師會變鴿子，有些會變撲克牌；我則從情境魔術發想，連同造型都一併規劃，魔術師最愛的燕尾服，原本也曾納入考慮，退伍時還曾經花了上萬元，在中山北路做了一套，可是發現自己個頭小，氣勢差了些，於是將燕尾服束之高閣，挖空心思準備演出一段「冰淇淋狂想曲」。

我將自己打扮成夏日在海灘旁擺攤賣冰淇淋的小販，在八分鐘的演出時間內，先從我當兵時發想的手轉一轉球就變色開場，其間不但快速換裝，更可隨手變出冰淇淋、陽傘等海灘最夯物品，最後變出一大塊衝浪板，讓觀眾的情緒沸騰到最高點。

這段構想說起來簡單，我可得絞盡腦汁，四處買材料做道具，還要去找相熟的裁縫訂製服裝。服裝等於是魔術師的第二生命，關係著演出的成敗，得自己發想設計，上面暗藏了不少機關。一般的裁縫師搞不懂，不知這些暗袋的巧妙之處，往往得費不少唇舌溝通，我幾經探訪，才在台北市的永樂市場，找到能與自己心靈契合的裁縫師，成為魔術生涯中的一大助力。

除了服裝外，道具更是魔術師的靈魂。大部分的道具都要自己發想，就算可以花錢買到設計圖，往往也得按照表演場地性質改良，沒法原封不動仿製搬上舞台。我只能DIY，靠著萬能的雙手，用科學家做實驗的精神，一次又一次的嘗試，從每次錯誤中汲取經驗，改進後再捲土重來，千錘百鍊之後，才終於打造出心目中完美的作品。

不要小看短短八分鐘的演出，這耗掉我近半年的時間不斷構思，要讓大家耳目一新，得先從三分鐘的內容著手，然後再逐步加長，到五分鐘乃至於七分鐘。這半年間，除了偶爾接些商業演出賺生活費外，朝思暮想的都是「冰淇淋狂想曲」，收入銳減加上耗盡腦力，對意志力是極大的考驗，最後整套完整的作品終於能完整呈現，心中的無限激動難以言表。

再好的心血結晶，總要經過觀眾的檢驗，才能分辨優劣；二〇一〇年五月，我參加了TMA台灣魔術發展協會台灣區邀請賽，第一次秀出了我耗時半年精心打造的「冰淇淋狂想曲」。表演完畢時，全場起立鼓掌，我知道六個月的魔鬼操練沒白費，自己的創意終於獲得迴響，淚水幾度在眼眶中打轉。

或許是觀眾的喝采太熱情，頒獎典禮時，原本以為自己穩拿總冠軍，沒想到宣布時，卻是特別獎，難免有小小失落，幸好有個額外的驚喜，是可以應邀到韓國釜山魔術節演出，邁向國際舞台之路，總算跨出了第一步。

台灣區邀請賽結束後二周，日本海魔術大賽緊跟著登場。我獨自搭機到日本，然後自己拖著沉重的行李與道具，搭地鐵再換公車，入住位於山上的飯店，準備參加兩天後的大賽。

這場比賽是三天二夜魔術展的重頭戲，現場道具商、魔術迷、魔術業內人士齊聚，大家都是購票前來參觀，因此都有專業的水平。比賽前的兩天空檔，我都窩在房間裡，搬開桌子騰出空間，一再的苦練，目標就是要奪牌。我擔心的是，台灣觀眾年輕，日本以熟齡居多，「冰淇淋狂想曲」這主題，在台灣可以獲得滿堂彩，但日本中年觀眾是否欣賞，讓我的一顆心始終懸在半空中。

比賽當天演出很順利，我完全發揮了實力，沒有任何失誤，讓日本觀眾見識了台灣魔術師的實力，也贏得全場熱烈的掌聲，顯然「冰淇淋狂想曲」這主題，足以突破文化藩籬，到了日本也大受歡迎。但觀眾的熱情能否幫我贏得獎盃，在宣布名次前我根本沒把握，緊張到坐立難安。

熬到頒獎那一刻，我作夢都沒想到，竟然大豐收，除了夢寐以求的總冠軍外，還拿下觀眾票選最佳魔術師、亞洲魔術聯盟特別獎，一口氣連中三元，除了豐厚的獎金外，上台時抱著沉甸甸的大理石獎盃，也象徵我魔術生涯邁入新的里程碑。

台灣魔術師竟然奪得三大獎，吸引了日本記者來採訪，消息傳回台灣後，蘋果日報等知名媒體也紛紛跟進報導，形容我是前進東瀛，在魔術大賽中揚眉吐氣的台灣之光。回到桃園機場時，爸媽帶全家人來接機，報紙、電視爭相採訪，二十五歲的我，成了鎂光燈的焦點，原本一直催我當公務員的父母親，終於了解我可以靠魔術成就一番事業。

伴隨冠軍喜悅而來的是壓力，一周之後馬來西亞魔術賽即將登場，媒體大幅報導我在日本奪冠的事蹟，讓我背負巨大壓力，非得在馬來西亞再拿座冠軍盃不可。

◆ 2010 年榮獲國際魔術大獎後凱旋歸國，父母終於認同陳日昇的職業魔術師之路

馬來西亞的比賽環境，與日本大不相同。地點選在購物中心的廣場，觀眾不用買票，路過覺得有趣，就可以自由坐下來觀賞，許多都是家庭親子顧客，與日本專業人士有很大不同。應該是商場與魔術師協會合辦的活動，可以藉由魔術比賽來吸引人潮，為購物中心創造業績。

另一特色是，這場比賽要由初選一路拚到決賽，即使是剛剛拿到日本冠軍的我，也沒有「外卡」的特權，要跟其他一百位魔術師，在初選一較高下。看了初選對手的水平，發現並非特別突出，我反而對自己奪冠有了些信心，但仍擔心有變數，如果在日本得獎卻在馬來西亞摃龜，怎麼有顏面回台灣見家人？媒體又會如何報導？一直忐忑到宣布第一名時，聽到SUNNY CHEN從主持人口中說出，我高興得從椅子上跳起來，一個月連拿二次冠軍，證明我真的有實力進軍國際！

回台灣後，我享受到暴紅的滋味，許多節目競相邀請我，連菲哥也找我合作，除了通告接不完，得獎的光環更為我開啟了國外演出之路，平均每個月至少一次出國表演，地點涵蓋日本、泰國、大陸等地。政府也看到了我的努力，觀光局邀請我出國，在國際旅展上變魔術宣傳台灣，透過一個個互動魔術，體驗台灣的溫暖與人情味，也對福爾摩沙這塊美麗島嶼留下深刻印象。

變魔術不僅能娛樂大家，還有增進彼此交流的效果，有些企業就鼓勵員工學魔術，王品餐飲集團董事長戴勝益就曾委託我，設計一套魔術課程，教當時王品旗下十二個品牌的員工變魔術，希望能增加顧客回流率。為了讓員工們快速上手，我設計了一套四小時的課程，而且編排了口訣，搭配投影講解，讓大家能夠輕鬆記憶。因為是桌邊互動，魔術內容大多是撲克牌技法，或變出鮮花、糖果、玩具等小禮物，也可以把特製菜單變成寫有壽星名字的生日卡。只要勤加練習，都可以快速上手，因此頒發結業證書時，學員都覺得受益匪淺，算是評價最高的企業教育訓練課程。

其實我曾經幫餐飲業設計過很炫目的魔術，例如菜單放在盤子上，蓋上蓋子用力一拍，開蓋後菜單瞬間冒出火光，顧客都會不由自主發出哇的一聲，驚喜度破表，但公共場所多已禁用明火，因此節目內容得跟著調整。更重要的是，除了教變魔術，也要想好萬一失手或碰到客人踢館，要怎麼圓場，以免場面很尷尬。授課時，我不但請學生們上台表演，連善後處置措施都一併預演。

與王品的教學合作案，我每天上、下午二梯次，平均要上八小時，而且要巡迴北中南密集講課，雖然對體力是一大挑戰，卻是難得的系統性企業教學經驗。

在日本與馬來西亞奪冠後，連大陸都開始邀約我上節目。央視知名的「我要上春晚」二〇一〇年開播後，我就受邀前去表演，該節目是為藝人及社會大眾提供展示才藝的舞台，同時設立評審團，當場選出登上春晚舞臺的節目，由於只在每年十一月至次年一月播出，演出機會很難得。

二〇一二年我又接到「我要上春晚」的邀請，錄影時才發現，與我搭檔的特別來賓，竟然是大名鼎鼎的天王巨星成龍。對成龍的第一印象是，大鼻子很吸睛，果然名不虛傳。雖然擁有國際級知名度，成龍待人很和善，完全沒有大牌藝人的架子。

我針對成龍的功夫特色發想，設計了一套「憤怒的力量」，先請主持人董卿挑張撲克牌簽名，然後將牌隨機插進整副牌內，再拿出硬幣讓成龍簽名，然後放在撲克牌上，接著請他聚集所有「功力」，隔空將所有的怒氣發到硬幣上，令人想不到的場景上演，硬幣瞬間起火，燒穿了部分撲克牌，更神奇的是翻開硬幣底下的那張牌，竟然是主持人董卿簽名那張。成龍貴為國際級的天王，見過不少魔術師，但對「憤怒的力量」也大為讚賞，頻呼生平首見非常精彩，也讓我在大陸打開了知名度。

在大陸的演出中，除了央視外，印象最深刻的，莫過二〇一〇年十二月到北京大學魔術社演講。十二月的北京飄著雪，我凍得直發抖，但踏入演講會場，卻領教了北大學霸們超乎想像的熱情。我經常在台灣各大學演講，知名大學如台、政、清、交、師大等，全都邀請過我，但北大學生的求知氛圍，比台灣學子要強得多，台灣學生聽演講，可能礙於面子，不太敢發問，在北大就會感受到底下聽眾一心想解答自己疑問，不管旁人目光競相發問，一心想要將講師「榨乾」的企圖心。

頂著兩座冠軍頭銜，我當然不能輕易被考倒，於是現場發問愈踴躍，激起的火花也愈熱烈。即使到北大餐廳用餐，也可以感受這群由十四億人脫穎而出的精英，求知若渴的拚勁。餐廳內邊吃飯邊看書的學生比比皆是，我的母校政大，也算是台灣的頂尖學府，就鮮少看見用餐時還拚命 K 書的畫面。來到亞洲排名屬一屬二的大學，北大學生的競爭性，是我演出生涯中，相當特殊的記憶。

【掃描 QR code 看影片】
冠軍得獎作品「冰淇淋狂想曲」於法國電視台演出

第 8 章

挫折

每一次失敗帶來成長

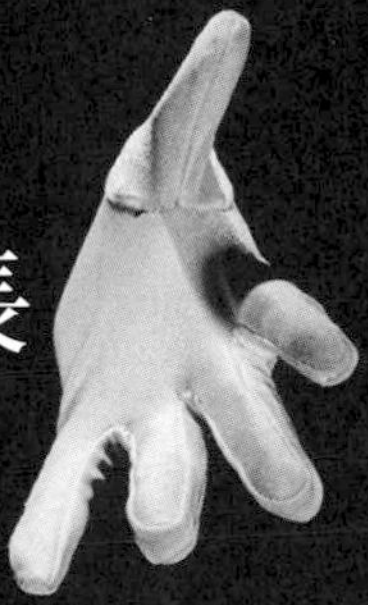

◆ 任何一次演出都聚精會神全力以赴

儘管國內外的演出充實了荷包，也打響了知名度，我念茲在茲的仍是前進魔術奧運殿堂，到英國FISM參賽。想要圓夢，得先通過二〇一一年十一月，在香港舉辦的亞洲區資格賽，我義無反顧報名，積極爭取前進英國的門票。到了香港後，發現好手雲集，程度有點像是打奧運之前的亞洲盃，堪稱是亞洲區競爭最激烈的賽事，我雖然完美演出，但沒能擠進前三名，好在仍順利入圍，取得前去英國參加FISM的資格。

黑池位於英國西北部，是濱海的度假勝地，更被譽為「英國的拉斯維加斯」，享有「歐洲藝遊之都」的稱號，距離倫敦約四個半小時車程，大約是台北到高雄的距離。黑池最適合旅遊的時間是五至八月，這時各式花卉盛開，為城市增添繽紛色彩，著名的黑池舞蹈節在每年五月舉行，吸引全球國標舞高手前來獻藝，也為黑池旅遊熱季揭開序幕。

FISM是法語 Fédération Internationale des Sociétés Magiques 的縮寫，英

語則是The International Federation of Magic Societies，意即國際魔術組織聯盟。創立於一九四八年，是全球權威級的魔術組織，目前擁有來自五十個國家和地區超過八十個會員組織和約五萬名會員，其中包括台灣魔術發展協會（TMA）。

FISM組織每三年舉行世界性的魔術大會，由會員組織爭取主辦權，世界各地頂尖的魔術師將在此角逐「世界魔術冠軍」的稱號；在此之前，各地區如FISM Europe、FISM Asia、FISM North America、FISM Latin America、FISM Africa、FISM Oceania先舉辦地區性的選拔會，推薦參賽選手。

在FISM的比賽規則很精細，可分為舞台（Stage）以及近距離（Close-up）兩大領域；再往下細分，舞台領域下有一般部門（General Magic）、手法部門（Manipulation）、心靈魔術部門（Mentalism）、喜劇部門（Comedy）、大型幻術部門（Stage Illusions）；近距離領域下則有廳堂魔術部門（Parlour Magic）、近距離紙牌部門（Close-up Cards）、微型魔術部門（Micromagic）；

除此之外還有魔術發明獎（Invention）和最佳原創魔術獎（Original），最後每個部門的冠軍，再角逐舞台以及近距離兩個領域的總冠軍（Grand Prix）。

近年來，台灣魔術界掀起了出國比賽的熱潮，二〇〇九年的ＦＳＩＭ在北京舉行，共有四位魔術師參加，人數已經創紀錄，二〇一二年七月的黑池，台灣地區連我在內，竟然有六位取得參賽資格，堪稱是盛況空前，也顯示台灣的魔術師功力，已經達到國際前段班水平。

要取得ＦＩＳＭ參賽權絕非易事，首先要取得地區比賽冠軍獎項，像我就拿了日本、馬來西亞兩個第一，再經過魔術協會的推薦，才能進入到全球六大洲的ＦＩＳＭ選考會，亞洲區就是二〇一一年底在香港舉行的 FISM Asia，最終經過分數認證才能取得ＦＩＳＭ的參賽權。光是要取得參賽權，往往得耗費將近數年的時間。

至於經費更是可觀，扛著一箱一箱的道具飛到國外，背負著比賽的壓力，只求在舞台上有好的表現。其間無法奢望有任何人或任何機構的補助，全憑魔術師自己的積蓄苦撐。除此之外，還要不停的練習、練習、再練習，不停的磨練自己。如果贏了風風光光，輸了屁股拍拍打道回府，這就是踏入國際舞台背後，不為人知的辛酸！

以英國黑池FISM比賽為例，至少要花費十五到二十萬元，如果加計在地區比賽所投入的金額，那成本更驚人。入圍的六位魔術師中，有些是業餘人士，努力上班的上班，打工的打工，不為其他，就為了自己圓夢，更為了替台灣拿下第一座FISM獎盃，讓大家知道，台灣的魔術並不是閉門造車，而是能跟國際水平並駕齊驅！

反觀鄰近的韓國，近年來大力發展文創產業，甚至出現魔術學校，專業而大量的培訓魔術人才，成績的確不同凡響，令人驚奇的優異表現，魔術圈的朋友也都知之甚詳。台灣魔術師的窘境，其實就像台灣運動員，很難感受到政府的支持，必須靠著自身的努力來喚醒政府的重視。不惜血本參加魔術奧運，就是期待能透過媒體或參與活動，爭取更多的曝光機會，讓政府看到魔術圈，正胼手胝足在世界上打出一片天，製造更多的台灣之光，或許政府未來能提供更多的支持及補助，打造更好的環境，來養育更好的魔術人才！

在赴英國前，六位魔術師特別舉辦了一場聯合演出，讓國人能搶先看到為台灣爭光的精采表演。輪到我上場時，前面一直很順利，沒想到最後變衝浪板魔術時，藏在道具內的機關，竟然掉了出來。我當下傻站在舞台上，不知如何因應，只能尷尬的比出×手勢，垂頭喪氣的離開舞台，主持人隨即宣布落幕，等工作人員重新布置，修復道具後，我再登場表演。

這也是魔術奧妙之處，表演十次可能都過關，但卻在第十一次出了狀況，只能靠不斷的練習，找出其中的地雷，還有老天保佑，才能確保演出成功。這次的失利，似乎象徵著英倫之行，前途多舛。

二○一二年七月七日，搭了十多小時飛機，我由荷蘭轉機，在阿姆斯特丹機場，與綻放的鬱金香合影後，再繼續飛往英國。抵達黑池後，仔細觀察這個濱海的觀光小鎮，雖然不大，但景色好美，充滿濃濃的旅遊風情。由於正值夏季，晚上十點才會天黑，滿心期待隔天踏入魔術界的最高殿堂。

黑池FISM的氣氛，至少有上千位魔術師參加，有各式各樣的研討會，很像哈利波特的魔法學校；來自全球的魔術道具商，在現場設攤，讓我看得眼花撩亂，要十分有意志力，才不會買到失心瘋，荷包大失血。

黑池的魔術師中，我印象最深刻的，首推「韓國兵團」，他們都很年輕，但已征戰國際多年，獲獎無數，我們是舞台上競爭的對手，也是私底下的好朋友；能夠利用FISM大會這幾天，與來自世界各地的魔術師好手齊聚一堂，真的很特別，也很開心！

我的比賽時間安排在台灣時間七月十二日晚上十一點上台，事前練習了一下，狀況還算不錯，但運氣就差了些，我參賽這組實力超強，堪稱死亡之組，有法國聲樂家魔術師，還有多位韓國好手，看著唯美的獎盃，只能祈求上蒼保佑，讓我能順利把它抱回家。

沒想到，出發前的預感竟然成真。表演一開始才三十秒，我就失手了，道具的磁鐵意外掉了出來，這個狀況以往從沒發生過。我從台北的出糗學到了經驗，這回沒比×狼狽下場，而是笑笑撿起了磁鐵貼回去繼續表演，一直到終場。但底下評審與觀眾都是內行人，任何小瑕疵都逃不過他們的眼睛，失手那一刻，我已了然於胸，黑池奪牌的夢想已成泡影，但至少我已經如願站上了魔術奧運的舞台，開心享受上台演出的珍貴時刻，了卻魂牽夢縈的心願。

儘管沒抱回獎盃，但參加魔術奧運FISM，還是有滿滿的收穫。很多人都認為這次參賽水準是近幾屆最高，往年的冠軍來到這一屆恐怕都未必擠進前三名。大贏家首推政府重金力挺的文創產業，甚至設立魔術學校的韓國，參賽的韓國魔術師平均年齡大概都二十出頭，竟包辦將近一半的獎項，手法部門前三名通通被韓國兵團包辦，不只在各類表演獲獎豐碩，連舞台總冠軍也成為阿里郎的囊中物！

為韓國獲得舞台總冠軍的 Yu Ho Jin（劉豪真）當年才十九歲，在我眼中不僅是怪傑，甚至可用怪物來形容，最後一天賽程以及 FINAL 兩場，都是零失誤完美演出，而且連續兩場，都讓全場觀眾感動到起立鼓掌，鮮少看到像他這樣能夠鎮住全場的魔術師，一出手就讓大家看得屏氣凝神，也是參賽者中最讓我感動的表演者，抱回冠軍盃也是實至名歸！

除了韓國外，法國也戰績輝煌，舞台跟近距離都拿了不少獎項，最受注目的是Yann Frisch，拿下了近距離總冠軍，實力也屬於怪物級。此外，芬蘭傳奇性魔術師Marko Karvo的鴿子秀，也令人大開眼界。此君在魔術圈可說是鳥中之王，憑空變鴿子，是他的拿手絕活，在FISM現場的壓軸，更秀出一對鸚鵡從大家頭上盤旋飛過，乖乖停在他的肩膀上，這簡直是小說才會出現的畫面，竟然活生生在眼前上演，真的令人佩服。

現場還聽到一些八卦消息，例如歐美魔術界為了抗衡亞洲，特別是韓流崛起，特別請出了祖師爺級的大師來壓陣，Marko Karvo就代表歐美勢力，肩負將獎盃留在西方世界的重責大任。最後的舞台總冠軍，果然也是由他與劉豪真爭奪，結果出乎我預期，由劉豪真抱回冠軍盃，由此可證FISM公平公正性無庸置疑！

雖然我失手沒得獎，但台灣魔術師仍展現了雄厚的實力。儘管韓國包辦手法獎項前三名，但緊追在後的，是台灣的二位好手，也就是說，全球手法魔術的前五名，幾乎都是韓國與台灣的天下了！

韓國雖然獎項滿滿，但在爭取二〇一五年的FISM主辦權時，卻面臨了義大利的強力競爭，最後以些微票數落敗，大家相約三年後義大利見，我繼續前往利物浦等地旅行，走訪了一心嚮往的搖滾天團披頭四 The Beatles 的故鄉，首站直驅披頭四博物館，這座建築物，是由他們發跡的洞窟酒吧改建，站在他們曾演出過的舞台前，回想幾位天王開唱的身影，與台下聽得如醉如癡、盡情嘶吼的粉絲，彷彿回到了風起雲湧的一九六〇年代。

行程最後，把握難得的好天氣，探訪了壯觀的利物浦大教堂，這場充電之旅一方面犒賞自己，也為這趟英倫行劃下完美的句點。

塞翁失馬，焉知非福，我雖在FISM舞台上失手，與多年渴望的獎牌絕緣，卻作夢也沒想到，底下坐著伯樂，為我開啟了法國電視演出之門。連續征戰日、馬、英等地，既要構思節目，又要花錢買道具，時間所限，演出場次急遽減少，存款數字一天天縮水，我開始感受到經濟壓力，積極接洽商演填飽荷包。一向是魔術迷的爸爸，最愛看法國電視台世界超級夜總會 Le Plus Grand Cabaret du Monde 的魔術秀，建議我主動洽詢，看能否爭取到法國演出。

由於台灣與法國距離遙遠，加上有語言文化隔閡，我原本認為機會不大，但拗不過長輩的好意，還是準備了基本資料，寄給了製作單位。沒想到，在FISM結束後半年，我真的接到了邀請，要去巴黎錄影。或許老天冥冥之中自有安排，超級夜總會的製作人，也是FISM的評審，我演出時，他就坐在台下，雖然表演一開始有失誤，但仍對我的「冰淇淋狂想曲」留下深刻印象，接到我投遞的資料後，立刻邀我前去演出。

法國世界超級夜總會擁有全球的收視觀眾群，能在此演出，比FISM奪牌更珍貴，但電視節目時間寶貴，原本七分鐘的狂想曲，要縮短成五分鐘，我不假思索立即答應，對方慷慨的提供了我與助理的機票、住宿與演出酬勞，讓我無後顧之憂，開心飛往巴黎進行彩排。

世界超級夜總會已經有十五年的歷史，節目主打魔術、雜耍，現場仿照夜總會的氛圍，公開募集觀眾前來觀看錄影，就好像真的置身夜總會看秀般，表演時可以看到近距離觀眾的表情，萬一出錯沒法重來，臨場感十足，一年只有十餘位魔術師能幸運受邀，沒想到我也能追隨前輩的腳步踏上舞台，心中無比自豪。

踏上攝影棚那一刻，我深深吸了一口氣，攝影棚的豪華果然名不虛傳，一整面的燈牆，充分反應出巴黎的花都風格，彩排的氣氛很優閒，工作人員慢條斯理，與我在台灣錄影時的緊繃，導播扯開嗓子吆喝，全場繃緊神經的作戰氣氛大為不同。等到實際上場時，看到觀眾專注的眼神，壓力頓時湧上心頭，但爆發力也油然而生，克服了失手的恐懼，精簡版的「冰淇淋狂想曲」完美演出，贏得全場來賓起立鼓掌，我終於以實力證明，SUNNY CHEN 的魔術可以征服歐美。

二〇一三年脫離財務困境後，我積極尋找魔術生涯的下一個徽章，幾經思考，決定在西門紅樓舉辦一連四場個人魔術秀，測試自己的票房實力。紅樓劇場大約有三百個座位，採售票演出，票價由八百到一千二百元，結果竟然四場都爆滿，門票銷售一空，又為我打了劑強心針。

九十分鐘的演出中，我秀出了生平絕學，包括征服日本、馬來西亞的「冰淇淋狂想曲」、猜來賓撲克牌的讀心術，乃至於驚險的賭命釘槍，全都搬上了紅樓舞台，我學習魔術的成長歷程，也一幕幕重現在觀眾眼前。四場謝幕時，都贏得熱烈的喝采，但我始終沒再辦個人秀，因為動員的人力，實在太過龐大。

紅樓這四場秀，除了我表演外，事前要有行銷、售票規劃，當天舞台演出，除了助手外，還要有場務、燈光與音響人員，總計動用了二十多位工作人員，就算門票全部完售，利潤也相當有限。台灣觀賞魔術秀的人口才剛剛興起，我沒把握換了大場地，票房能同步成長，就讓四場演出劃下完美句點，成為生涯中美好的回憶。

除了商業演出外，我對電視曝光也相當嚮往。大學時期就上過菲哥的節目，後來又幫忙催生了「大魔競」，累積了我在電視圈的人脈。二〇一一年赴香港參賽，通過FISM亞洲區考驗，取得隔年到英國參加魔術奧運的資格後，我發現自己有空檔可以進軍電視，在製作人的引薦下，我開始與曾國城、庹宗康、小鐘搭檔，固定在電視綜藝節目中變魔術，拓展電視圈的知名度。

電視的表演需要經常腦力激盪，才能呈現魔術「視覺的衝擊」，雖然只有短短的十五分鐘，但是每集內容都要更新，為了激發創意，節目甚至聘了魔術顧問，我更得經常練習，確保演出時不會出狀況。由於要邀請各方好手前來競技，我還得幫忙找選手，甚至自己下海當評審，忙得不可開交。

為了在電視上看起來更亮眼，讓觀眾留下深刻記憶，我首度找專家改變造

◆ 2012 年中視魔術單元，陳日昇首度嘗試轉型

型。原本針對招牌秀「冰淇淋狂想曲」設計的造型，走的是可愛風格，經過討論，造型師建議我改走韓風路線，從鄰家大男孩，變身為歐爸，於是我染了頭髮，也戴起了隱形眼鏡，服裝也重新量身訂製，算是下足了重本。有些朋友看了我以型男之姿出現在螢光幕前，覺得很不習慣，但我的個性是先想清楚下定決心，就勇敢放手去嘗試，just do it，如果不求新求變，怎麼能更上層樓？

綜藝節目的演出，讓我熟悉了電視作業的要領，懂得如何與導播、攝影師互動，在鏡頭前達到最精采的演出效果。綜藝節目的魔術熱潮，第一波源自於二〇〇七至二〇〇八年，張菲在節目上推出「大魔競」單元，許多魔術師因此打開了知名度，二〇一二至二〇一三年，我在國外拿下二座冠軍後，華視、中視的綜藝節目，又開始策劃魔術單元，培養了不少魔術新秀。但隨著網路的崛起，台灣的綜藝節目也逐漸式微，魔術師更難有機會固定上電視演出，舞台表演再次成為我的工作重心。

頻繁上電視，不只賺了通告費，還提升了我的知名度，許多製作單位，如果要讓觀眾能耳目一新，往往就會想到找我構思魔術；二〇一五年的台北電影節，負責製播的三立電視台，就邀請我與納豆搭檔主持，希望能以客製化魔術，將十部入圍影片串接在一起，而且還要能與張艾嘉、李烈互動暖場。雖然任務很艱鉅，我還是樂於接受挑戰，不假思索立即答應邀約。

這次的表演，橫跨了舞台與電視二大領域，我一方面要顧及現場來賓觀看表演的感受，還要密集與導播溝通，讓電視機前的觀眾，也能透過螢光幕感受到魔術的神奇。導播的運鏡手法，不止是以我當主角，還得適時拍攝現場來賓驚訝逗趣的表情，發揮紅花配綠葉的效果，電視觀眾才會有親臨現場的感受。

為了不負所託，我與納豆密集開會想腳本，我還組成了五人團隊協助演出。因為是現場轉播，完全沒有出錯的空間，上台前我緊張到一直跑廁所，不斷檢查道具，幾乎是坐立難安。實際登場時，我先與張艾嘉、李烈做近距離魔術互動暖場，要她們一人挑數字，一人挑圖案，再將二人挑選結合的方塊九變出來，吸引全場觀眾的目光。接著我將一個紅心交給李烈，當傳給張艾嘉時，手一張開變為三顆紅心，象徵我們現場三人同心，再傳回到我手上時，三顆小紅心又變成一顆大愛心，全場氣氛因此嗨到高點。

用我拿手的近距離互動暖場後，我開始切入正題，與在螢幕上的納豆隔空互動，不僅能透過螢幕交談，更神奇的是，我能接到他倒的咖啡，他也能暢飲我斟的紅酒，從中開始介紹入圍的十部劇情片，讓來賓看得津津有味。最後的高潮是讓螢幕上的納豆瞬間移動，在滅火器噴出的煙霧中，頓時由螢幕躍出站上舞台，接下麥克風，開始與蔡燦得搭檔主持，觀眾也大呼神奇。台北電影節的演出，是我在大型舞台表演的開端，我的魔術演出經歷，又多了顆閃亮的勳章。而這段新穎的魔術表演獲得不少好評，以此為契機，世紀奧美公關公司特邀請我為遠傳電信設計一場客製化魔術秀，在產品記者會上增添吸睛焦點。

達爾文說過，地表上最後生存的物種，不一定是最強最猛的，例如恐龍最終就在慧星撞地球那一瞬間滅絕，惟有能適應環境，不斷調整的生物，最後才能存活下來。隨著電視環境的轉變，網路世界的崛起，我也開始思索，如何透過直播、Youtube，培養粉絲，專業魔術師或許也能變網紅。

二〇一六年我開始構思在 Youtube 推出「街頭亂入魔術」影片，以往的電視經驗，對我有很大助益。但上電視表演，我只要構思魔術橋段即可，轉換角色當網紅，我得先寫腳本，再做道具，然後與助理分工，如何拍攝並進行剪片等後製工作，細節相當繁瑣。還好苦心沒白費，單支影片最高有九十四．三萬人點閱，累積點閱破上百萬，甚至吸引了蘋果日報、ETtoday 等知名媒體採訪。

平時我只要有空就是上網滑手機，也算重度網路成癮的使用者，觀察網路世界的現象，發現想在Youtube的眾多網紅、直播主中脫穎而出，獲得網友青睞，單靠變魔術是不夠的，還得要貼近時事脈動找題材，才能吸引眾人的目光。當時台灣掀起抓「寶可夢」的熱潮，我開始由此發想，決定走上街頭，搭訕忙著「抓寶」的路人，並且當眾表演起抓寶「擄獲活皮卡丘」的魔術！

經過精心策劃後，我帶著工作人員到地下街出擊，首先詢問一對情侶是不是在抓寶可夢？然後跟他們分享心得，拿出一顆「寶貝球」，開始召喚自己新抓到的「皮卡丘」。這對情侶聚精會神看著我把寶貝球放在地上，不斷的大喊，「就決定是你了！皮卡丘！」但就是不見皮卡丘蹤影，其間甚至引起許多路人的側目。

正當氣氛陷入尷尬之際，我拿出一塊紙板擋住寶貝球，接著再把紙板拿開，竟然真的出現一位穿著清涼的正妹，扮成了「皮卡丘」！雖然不是真正的皮卡丘，但情侶還是非常驚訝，對我的魔術佩服不已。此時最妙的事發生了，男生或許嗨過頭了，竟然開口要求要跟扮皮卡丘的清涼正妹合照，被晾在一旁的女朋友，瞬間翻白眼狠瞪，超殺的眼神，成為影片最有話題的結尾，連媒體報導時，都暗示著這位直白的男生，前途令人擔憂。最後字幕打上，模範男友守則第一條：「絕不在女友面前，與別的妹合照」，在網路獲得熱烈迴響。

我的另一支招牌網路影片是「絲巾穿透手機」，同樣找情侶入鏡。我向一對你儂我儂的情侶表明自己是魔術師，接著向男生借手機，告訴他手機有個洞，小倆口當然不相信，於是我向女生借絲巾來證明。只見我將絲巾搓成長條狀，接著就從手機的正面穿入，再從背面抽出來，印證我「手機有洞」的說法，完全經得起考驗。

小倆口看得目瞪口呆之餘，我加碼演出，要女生滑一下螢幕，隨著螢幕亮起，代表手機能正常運作，但絲巾卻還在繼續穿透中，情侶倆驚訝之餘，更感到不可置信。表演結束後，我將手機還給男生，輕敲手機的螢幕，提醒他「有洞喔，記得去修」。兩人看了手機半天，怎麼檢查都完好無缺，男生忍不住冒出一句：「手機哪有洞，我看是魔術師的腦子有洞」，成為影片結尾最好笑的爆點。

網路影片與現場演出是兩種完全不同的邏輯，網路影片必須不斷有創新企劃，更要加入趣味生活化題材才能取得網友的共鳴，有時候想影片的梗比想魔術更難，常常跟助理團隊們絞盡腦汁到半夜，只為了拍出令人耳目一新的魔術短片。

目前我的臉書有十三萬粉絲，Youtube 十八萬人訂閱，有四支破百萬影片，總共累積一四〇支影片。在魔術圈可以當老師，但在網路圈必須學無止境，如何在網路洪流之中脫穎而出，是我目前最新的挑戰。

【掃描 QR code 看影片】
經典快手魔術在電視節目演出

【掃描 QR code 看影片】
台北電影節頒獎典禮與納豆合作

第 9 章

恐懼

勇敢面對 30% 的負評

魔術表演聽到的不完全是掌聲，也有可能被當面吐槽，印象最深刻的是，剛結束一個遊輪表演航程，回到了基隆港下船，我在港口的咖啡店準備坐下吃早餐，到櫃檯點餐時，突然聽到後面有個大姐在跟別人聊天，還提到了我的名字，她嗓門蠻大的，加上就在身旁，我想不注意都難。

大姐是上一批遊輪的遊客，正準備下船返家，她跟下一批準備登船的乘客聊天，語帶嫌棄的說：「陳日昇的魔術秀不好看啦！不行啦！」聽到這種刺耳的批評，我自然有點不舒服。其實我當下可以裝作沒聽到，然後默默閃人，但是我真的很想知道我的秀哪裡讓她覺得不好看，足以讓她在咖啡店大肆宣傳？

我猶豫了幾秒鐘，決定鼓足勇氣，跟她對話。回過頭小聲地跟她說，「大姐你好，我是陳日昇，請問一下我的表演你覺得哪邊需要調整？」這位大姐愣了一下，赫然發現我像變魔術般，神奇地出現在她的面前，大姐愣了一下，回了句「唉唷你沒化妝，我沒認出來是你。」大姐的回應讓我深感高手在民間，驚嚇之餘還能瞬間出招，讓我二度中槍。

我很有禮貌的說，「對對對，就是我，請問表演哪邊讓你覺得不好看呢？」大姐開始吐露心聲，「我跟你說啦，我給你的建議，你真的要聽進去，不要不聽喔。」我連忙解釋，「我就是要聽啊……不聽我怎會跟你主動打招呼。」

大姐看我願意虛心受教，就開始劈哩啪啦、連珠砲似的提出意見，「你不是主秀嗎？我抱很高期待咧，節目很多老梗啊，怎麼沒有變那個什麼什麼魔術？坐我前面的好幾個阿伯也說不好看。不過，沒關係，你還年輕啦，進步空間還很多啦……我認識那個某某女藝人的爸爸，那個導演以前也是拍不好……」

對話之後，我大概了解，大姐認為我應該變出獅子、老虎之類的大驚奇，我只好耐心在她訓話的同時，盡量找空檔解釋，受限遊輪場地，而且人員精簡，別說獅子、老虎了，我連鴿子都沒法帶上船，因此安排近距離與觀眾互動魔術為主，雖然沒能變她想看的魔術，仍希望她能理解我對演出的用心。

說這個故事，不是因為我聽到被批評時，心裡難免會委屈，而是我時時提醒自己，身為面對公眾的藝人，自然要接受各種言論，好的或是壞的都得照單全收，有人喜歡你，當然也會有人不喜歡你，沒有人的演出能夠做到讓一〇〇％觀眾滿意，我經常告訴自己，即使是天王級的周杰倫，也不可能讓所有人都喜歡，我的魔術能讓七十％觀眾喜歡已是很足夠了。

身為魔術師，我經常提醒自己，變魔術最怕的是，沒騙到觀眾，只騙到自己。儘管忠言逆耳，我會把批評當成改進的動力。想到自己盡了全力，卻還有三十％的人不喜歡，難免會耿耿於懷，影響演出的心情，上台後發現這種負面情緒在腦海中迴盪，真的會影響演出水準，轉而提醒自己正面思考，絕對要全力以赴，才對得起七十％支持我的觀眾。若只沉醉在掌聲跟讚美中，怎能有進步的空間？只要不是無謂的攻擊批評，有建樹的意見都應該採納，三十％的噓聲，是我成長的動力而非絆腳石。

除了負評外，我還曾面臨過破產危機，靠著自己的毅力脫困。或許是接連二座冠軍到手，讓自己太有自信，二〇一三年我大手筆買道具，加上增聘人手，導致人事費用暴增，我的資金入不敷出，沉重的財務負擔，壓得我喘不過氣來。最慘的時候，我帳戶存款不到一千元，連健保費都繳不出來，人生陷入空前低谷。好強的我沒向任何人透露，更別說向親友周轉；家人不知道我光鮮亮麗的背後，隱藏著公司倒閉的危機。赴法國演出前三個月，我處於崩潰邊緣，甚至懷疑是否該堅持在魔術這條路上奮戰，還曾有過解散公司、去當上班族的念頭。

在巴黎電視台的曝光，療癒了受挫的心靈，讓我重新燃起了鬥志，決定要再放手搏一把。回台灣後，開始積極整理演出宣傳資料，密集寄給活動、公關公司，助理與夥伴們也願意共體時艱，我則嚴控開銷，甚至不惜拋售心愛的道具換現金，維持公司營運。就這樣大夥一起咬牙撐到年底，終於熬到了年終餐敘與尾牙旺季，商演邀約紛紛上門，公司的倒閉危機終於解除，重新步向正軌。有了這次的教訓，我體認到現金為王，量入為出的重要性，再也不敢恣意亂花錢，道具只挑有必要才買，以免又重蹈繳不出健保費的覆轍。

法國演出讓我有了國際性的知名度，二〇一六年東京電視台在網路上看到了我演出的影片，邀請我去錄製跨年節目，場景選在橫濱的中華街，主題就是台日魔術師大ＰＫ。第一次與日本製作公司合作，發覺氛圍與法國大相逕庭，法國人隨興優雅，但日本團隊就一板一眼，對細節相當堅持，一切要按之前規劃的劇本演出，不容許有任何變動。

因為場景挑在中華街，我必須構思具有華人特色的魔術，其中有一項就是直接在蒸籠變出包子。我原本想直接在台灣買蒸籠，做成道具裝上機關送到日本。沒想到製作團隊堅持，一定要用跟錄影店家一模一樣的蒸籠，節目效果才逼真。我只好託友人在日本購買「指定版」蒸籠，火速空運寄到台灣，加工做成道

◆ 赴日上節目，以精湛魔術跨越語言和國界

具後，再帶到日本表演，桃太郎對細節的堅持，如果沒有身歷其境，實在很難想像。

除了蒸籠變包子，我還秀出了白開水變烏龍茶等絕活，節目播出後頗受好評。原本只安排錄一集，後來加錄了四集。製作單位要求很嚴格，即使錄好後也會重錄修正，那段時間我經常來回日本出外景，成了名符其實的台日空中飛人。

每逢跨年就是我最緊張忙碌的時刻，二〇一七年年底我又接到一項超重量級的邀請，要變魔術與柯文哲市長一起倒數跨年。這次跨年由三立電視台負責轉播製作，之前的台北電影節，三立就促成了我與納豆搭檔演出，我圓滿達成了任務，但這次任務更艱鉅，我要在倒數計時前，數十萬現場群眾與百萬電視機前觀眾的見證下，在舞台上將柯P憑空變出來，不能有任何閃失，否則首都跨年倒數，市長消失了，不但會成為隔天的媒體頭版，還可能會登上國際新聞。

我花了兩個月的時間準備構思，決定要結合多媒體投影，讓市長與夫人坐在重機上帥氣出場。說起來簡單，因為舞台很大，單單是演出的道具就重達四百公斤，我花了十萬元向國外買英文版設計圖，參透原理後，在台灣請師傅協助製作，可是要如何在前個節目結束後，完全無縫接軌，立即讓近半噸重的龐然大物與市長一起登場，就足以讓我想破頭。

更大的挑戰還有天氣，我曾經在台北電影節，讓納豆瞬間由螢幕穿出，站上舞台主持，這次用類似手法，將柯P夫婦變出來應該不難。話雖如此，兩者的差別在於，電影節在室內場地舉行，不用擔心天氣攪局；台北一〇一跨年在戶外，週遭還有滿滿的人潮，兩個月前，也無從預知當天演出狀況，只能硬著頭皮照構想先按部就班準備，屆時再臨機應變。

由於我是倒數前的壓軸，完全沒出錯空間，跨年前一個月，我天天到三立去彩排演練。十二月三十日，跨年前一天的最後彩排，我最擔心的事發生了，老天下起了傾盆大雨，這應該是生平難度最高的演出。壓軸主角柯P首次現身，他對道具很好奇，我只能化繁為簡，讓他記得幾個要領，其他事情就由我們團隊來搞定。至於坐在重機後座的柯P夫人陳佩琪，一直到跨年當晚才會出現，因此後座先由助理扮臨時演員，測試道具安全無虞而且能完整運轉。

老天似乎聽到了我的祈禱，跨年當晚雨神沒再來搗亂，佩琪姐到場時，我們沒空寒暄，只能把握最後時間提醒她如何與市長老公搭檔，最重要的是要熟悉道具內的動線，別撞到頭受傷，事情可就大條了。

不料上場前另一煩心的事發生了。由於舞台有其他表演，為了不妨礙歌手唱唱跳跳，我的投影機不能固定在舞台上，得透過升降機，在表演前才露出。但升降機連結許多線路，升升降降很容易出狀況，彩排時原本都順利，等到廣告切回來，倒數準備正式登場了，才發現線路可能有問題，投影到螢幕時，竟然只有單色，炫麗的效果不見了。

我很想立刻去檢修，但現場已經開始讀秒準備上場，根本來不及，我很清楚不能讓小失誤毀掉團隊兩個多月的努力，於是咬著牙登上舞台，先是變出亮紅色的鴿子，接著又歡迎熊讚登場，跟著我一起炒熱現場氣氛。

雖然我表情鎮定，前面幾個魔術也變得很順利，數以百萬計的觀眾，根本看不出我的心裡七上八下，因為有項危機如果不趕緊處理，跨年倒數可能會鬧大笑話。依照原始的劇本，我的節目長度約八分鐘，市長出現後，所有人就開始倒數迎接新年。但人算不如天算，之前的時間控管有點狀況，一路延遲的結果，我登場時只剩五分鐘就得開始倒數。我不敢隨意刪減節目內容，怕影響團隊合作默契，反而會搞砸演出。但如果按表操課，倒數時，台北市的大家長還卡在道具內，這局面該怎麼解決？

為了追上進度，我只能加快演出的節奏，想辦法追回那延誤的三分鐘。一直等到柯P穿著帥氣的飛行夾克，騎重機載太太現身時，我心中的大石才落地，現場工作人員繃緊的神經，終於得以紓解，全台數百萬人高聲倒數，只有團隊成員與三立製播工作同仁，可以了解短短的三分鐘，不知急死了多少腦細胞。

看到一〇一煙火冒出那一剎那，我的心中百感交集。高興的是，終於完成使命，能和柯P夫婦與多位巨星站在舞台上跨年倒數，是對我魔術生涯的最高肯定；但心中仍有幾許悵然，如果投影機不出狀況，效果應該會更完美，雖然現場觀眾不易發現，甚至根本沒感覺，但身為魔術師，總會希望能做到一百分。天不從人願，就像模擬多次，卻在魔術奧運失手那樣，只能安慰自己已經盡力，別再自責了。

當時腦海中，還想起了與大學好友十五年前的約定。時間回溯到大一那年，我跟黃姓好友，騎著機車載女同學來北市府前看跨年表演，黃同學指著舞台說，有朝一日你如果登上舞台，跨年變魔術，我一定前一天就來打地鋪排隊，搶最前面的位置捧場。

沒想到十五年後，我真的圓夢了，在演出前幾天，我特別在臉書的發言頁面標註了黃同學，提醒他前一天晚上，記得來排隊卡位，雖然舞台前沒看到他的身影，相信他應該是守在電視機前，觀賞我的演出，也能感受我對魔術的堅持，並持續為我加油打氣。

大夥風光謝幕後，另一頭痛的問題才開始。舞台要連夜清空，讓交通盡早恢復順暢。重達四百公斤的道具，為了求堅固，很多是鐵板焊接，沒法拆開重組，只能由團隊十多人扛下舞台，並由長期配合的卡車師傅賴桑深夜運送到倉庫，全部搞定後，都已經快天亮了。這個道具花了六十萬，因為是配合跨年這種大型舞台所設計，只用這麼一次，就深鎖倉庫沒適合的機會再亮相。如果算上人力與道具成本，跨年這檔其實沒什麼利潤，但能夠挑戰自我，仍然應該好好把握。

【掃描 QR code 看影片】
台北市政府 101 跨年晚會壓軸演出

【掃描 QR code 看影片】
日本東京電視台跨年特別節目

| 第 10 章 |

勇氣

到底要玩多大

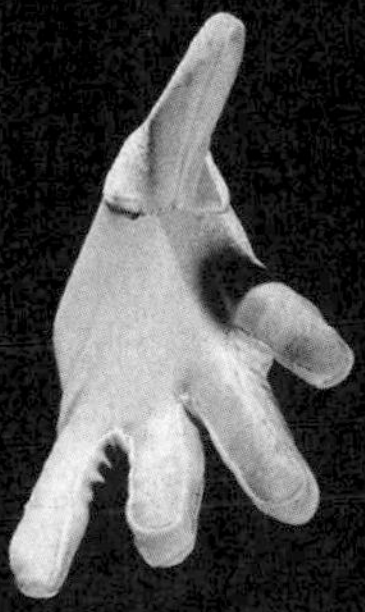

樂於接受挑戰的個性，也促成了我與 Lamigo 的互動。二〇一八年六月，王慕天導演邀我去桃園棒球場看球賽，那天有他導演的全猿劇場，而且 LamiGirls 也有演出，既然有美女秀又可以曬曬太陽，還參觀傳說中的全猿主場，我就爽快答應。

這是我睽違多年再度踏進棒球場，我對職棒的印象，一直停留在爸爸帶我去看味全龍、兄弟象對決的時代，球員的名字還停留在路易士、坎沙諾那個時期，頂多到陳金鋒、恰恰……，偶爾從電視轉播無意發現中華隊又「吃鍋貼」了（雖敗猶榮，與鍋貼名店四海遊龍諧音），但二〇一三年經典賽，在東京差一顆好球就贏日本，才是讓我最嘔的……，至於中職我真的很久沒有關注了，剩下幾隊我可能都還要思考一下。

參觀 Lamigo 那天剛好是「動紫趴」，桃園球場人山人海，我根本是劉姥姥進大觀園，球場進化成這樣我都不知道，小時候去看棒球，不是外面就幾攤賣香腸的而已嗎？現在居然還有專屬商店、巨型海報，棒球場也能這麼美！

趁著球賽局間空檔，慕天帶我到了DJ室跟副領隊打招呼，副領隊說：「以後有機會可以在球場變魔術啊！我們都可以配合！」但其實我心中OS：「要在這種戶外風大的三百六十度環繞的險惡環境下變魔術？應該是在開玩笑或說客套話吧！」我禮貌寒暄幾句，回座繼續看比賽，最後Lamigo贏球耶！歡呼聲中，怎麼全場暗燈了？原本以為球場該不會停電了吧？結果竟是放煙火，而且持續好幾分鐘耶！我整個完全傻眼，以為是跨年，差點喊五、四、三……倒數。

球賽之後我也沒再多想球場魔術秀的事，因為執行難度跟時間都有相當程度的挑戰，就算要做可能也要等個一年之後再說；萬萬沒想到，Lamigo居然不是在開玩笑，接下來真的跟我們團隊開了幾次會，認真討論在球場進行魔術秀的可行性，而且還不是小演出，是周末全場大型主題趴！

後來才知道Lamigo經常為球迷舉辦主題趴活動，以二〇一八年下半年球季為例，七月十日開打，先由全家「嬉」水、全「力」應猿的「嬉力趴」打頭陣，接著「辣蜜趴」以及日本風主題「全家YOKOSO桃園」輪番上陣；八月三十一日起第六屆「阿迷趴」豪氣上戰場；九月則準備連續安排兩個新概念趴，球團希望我規劃一檔前所未見的「魔術趴」，在全猿主場與球迷朋友同樂！還特別要求，不能冷落了對手隊的球迷，全猿主場不分一、三壘座位席，全場都要同享歡樂氣氛。

參觀那天，我仔細觀察了Lamigo的場地，內野既深又廣，很難讓觀眾看得清楚，動紫趴那天，上場獻唱的任賢齊都跟螞蟻一樣小；相形之下，一、三壘觀眾席前，可以搭舞台的空間卻很有限，只要有失誤，很難逃過觀眾的法眼，在棒球場搞魔術秀，這連國外都很少見，如果變不好，球迷會不會揍我？總之，我對魔術趴的第一印象，只能用「險惡」二字來形容。

話雖如此，我還是有些躍躍欲試，有時甚至懷疑，自己的骨子裡是否有受虐的基因。想到二〇一一跨年那場，累到快爆肝，我都能搞定，區區一個桃園棒球場，應該還可以對應。萬萬沒想到，真的好硬，這真的是生平最艱難的挑戰。

首先要克服的是時間壓力，一口答應下來後，隔周就要上國外遊輪演出兩個月，這是之前就簽約的行程，不可能取消或改期，回來只剩不到一個月籌備，人在海上漂，只能越洋與團隊溝通，集體構思要結合棒球主題，演出完全客製化的魔術，我在船上開始認真做功課，認識球隊文化、球員特色，思索要怎樣讓球迷看得開心？讓球迷感到驚喜？哪些橋段可以找球員、LamiGirls或球迷互動？能不能設計出大道具魔術秀，或是有噱頭的魔術？而且不只賽後魔術，還需要場外魔術互動，還要教LamiGirls變魔術，設計Lamigo魔術小道具當贈品，由於是球隊的主題趴，所有的道具都要環繞著Lamigo與球員，得重新製作……一堆的細節，讓我在遊輪上，想到快徹夜難眠。

一直到八月底下船，我才有時間去現場演練，準備時間不到一個月，時間非常緊迫。桃園場勘會議來來回回好幾次，還要找導播討論鏡頭畫面，跟司儀討論主持台詞，團隊十多人完全投入，開演前一周，天天在球場準備到半夜。

為了炒熱魔術趴的氣氛，我在賽前兩周預言，要預測球賽比數，當天比賽開打前，會把寫好的預言放進一個透明的保險箱中，保險箱就放在全場球迷的眼前，所有隊友都是見證人，絕不造假！球賽一結束，就會馬上公布預言是否正確。若魔術成功，將會是亞洲史上首次，棒球迷絕不能錯過的「視覺的衝擊」！

預言魔術是所有魔術中，難度最高的一種，加上球賽過程變數也相當大，當天的 Lamigo 桃猿主場所發生的戰況，關係著我的魔術生涯，若當天預言意外失手，我甚至承諾不排除從此退出魔術圈。

除了挑戰預言魔術外，我還預告將帶來史無前例的棒球賽後主題魔術秀，不但是中職首創，甚至會吸引世界關注！我將與 Lamigo 桃猿的球員、LamiGirls 以及現場觀眾進行魔術表演，特別呼籲球迷：「千萬不要錯過我的魔術趴，我最愛聽到現場球迷歡喜的尖叫聲，來全猿主場享受視覺的衝擊絕不後悔！」

魔術趴登場前三天，我先安排了暖場秀。我直入球員休息室，面對面變近距離魔術。包括請球員拿著空白看板，以拍立得相機拍下合影照，因為顯影需要時間，請另一位球員將照片放手上，闔掌蓋著「保溫」，接著請合影球員挑張撲克牌，結果他挑中紅桃 2，接著打開「保溫」中的拍立得照片，原本空白的看板，赫然出現了紅桃 2！

隨後玩我擅長的簽名魔術，挑張撲克牌簽名，然後插入整副牌中間，手再一指，簽名牌又回到第一張。接著變招更神奇的，簽名牌插回去後，請壯碩的球員往我肚子用力一壓，我喔的一聲竟從口中吐出一張牌，打開一看，正是那張簽名牌。球員大呼不可思議，我大方的將「反芻」牌送給簽名者，他連忙縮手敬謝不敏，全場笑成一團。

魔術趴正式登場時，場外搭起了帳蓬，幾位助理變自己的拿手魔術，吸引大小朋友圍觀，現場有如嘉年華會，開賽前現場就洋溢著濃濃的魔術味，主持人小鐘從紙袋變出長長的魔術棍，投出的球化成彩帶，現場氣氛跟著嗨了起來。

隨著比賽開打，我的心情也跟著七上八下。我預言的比賽結果，此刻正裝在信封，並鎖在東區的看台前，由現場觀眾一同監視箱子的動靜。隨著九局下，最後一個出局數到來，比賽劃下尾聲。這時好戲才登場，我取出信封正式公布預言，包括比數五比三，以及MVP得主是朱育賢，還有七局上抓盜壘成功，以及八局關鍵全壘打，結果百分之百命中，全場驚呼連連，連隔天報紙都跟進報導，魔術趴知名度熱到最高點。

接下來的數個魔術表演，也是我挖空心思幫Lamigo重新設計的，我最喜歡的，也讓很多球迷最難忘的，莫過於先拿出一張紙，上面畫了頂帽子，現場挑選女球迷上台，問她最喜歡哪位球員，她選了郭嚴文，於是在我動手施展魔法「召喚」下，隨著我的手勢一次次向上搧，郭嚴文的畫像，竟然從帽子漸漸冒出來，獲得畫像當贈品的女球迷，笑得嘴都闔不攏。

與明星球員互動，永遠是女球迷的最愛。幸運女球迷先說出心中屬意撲克牌的花色與數字，接著投手陳敏賜登場，看著我事先準備的字卡，一字一句念出撩妹台詞，最後說出「我好像在夢中見過妳，早就把妳想的牌，放進信封中」，接著從貼在字卡上的大信封，取出一張撲克牌，與女球迷之前挑的完全一致，現場一陣驚呼；「酒窩大砲」朱育賢化身全球第二厲害魔術師（第一厲害當然是我啦），也讀著撩妹字卡展現讀心術，從信封中拿出女球迷挑選的牌，逗得粉絲心花怒放。

強打陳俊秀與女球迷的射牌秀，也是我特別為球隊設計，先讓女球迷挑張牌，二人都簽上名字，接著放回整疊牌中再充分洗牌。高潮緊跟著登場，拿瓶Lamigo礦泉水貼上膠帶，拿著整疊牌對水瓶射，神奇的是竟然有張牌被膠帶吸住了，全場都以為就是簽名牌，翻開卻不是，大家哇一聲，露出失望的表情，我拿出美工刀，割開水瓶上的Lamigo標籤，撕標後赫然發現二人的簽名牌就在水瓶中載浮載沉，全場立刻爆出震耳的歡呼聲。

最後壓軸的是，我仿照魔術大師胡迪尼首次表演的極限逃脫秀，我被關進內野區的道具箱中，雙手伸出箱外，不但用鐵鍊綁住還上了鎖，限時六十秒逃脫。我在時間內掙脫了鐵鍊，箱子打開時，我已消失無蹤，下一秒出現在看台上的飛機模型內，興奮的揮舞Lamigo隊旗，向觀眾們致意，為演出劃下完美句點。

風光落幕的背後，有著不為人知的心血。大型瞬間逃脫的道具，高度將近兩層樓，重量破百公斤，比賽一結束，就要推上球場草地，根本是天方夜譚，如果地面鬆軟，卡住就有大麻煩了。更危險的是，道具吃風面積太大，整個搖搖晃晃，要是那天強風吹倒道具，我人還被關在裡面，等於直接上演人體消失魔術，可能再也變不回來，還可能會受傷，撞到頭還可能有生命危險……。

總之，二〇一八的 Lamigo 魔術趴是我人生最難忘的演出之一，不僅成功預言了當天比賽比數以及當年總冠軍二連霸，還從大道具逃脫消失，瞬間移動到了內野小飛機上；此外，與明星職棒球員一起開玩笑互動變魔術，周六、日兩天，二場各四十分鐘的魔術趴，完成了許多我從未想過的棒球魔術，感謝老天一切順利。

表演完進到休息室，壓力完全釋放，但也快虛脫了，晚上回到家，還硬是上網看一下PTT與粉絲團的評論，球團以及十號隊友（球迷）們都還蠻喜愛這場魔術趴，覺得很新鮮很有創意，效果也很好，整個團隊的努力都值得了，心中著實無限感動。但如果明年要我再做一次？實在太累了，讓我再想想看吧……。

【掃描 QR code 看影片】
魔術趴精彩片段：預言比數 & 極限逃脫

| 第 11 章 |

變

萬人飆淚的野球魂

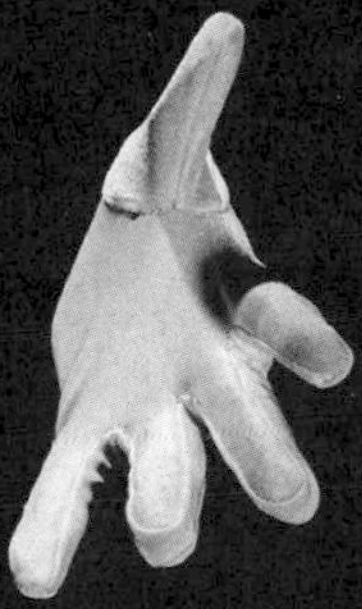

萬萬沒想到，二〇一九年六月，球團窗口來電：「去年效果不錯耶，今年魔術趴能否再來一次，而且升級成魔法趴？」我禮貌性的回覆：「What，你是認真的嗎？」然後我又上遊輪，進行兩個月演出，在船上從網路看到了球團的新聞，心中的牽掛驅動著我，答應了魔法趴的邀約。

下船後才知道，Lamigo 的主題趴愈辦愈盛大，下半球季全猿主場在七月五日開打，七月六日起第一個全新概念主題趴「創作大盛」打頭陣，韓國風主題「辣年糕趴」續辦，主打 LamiGirls 的「辣蜜趴」緊接在後，阿迷趴將分為「英雄日」及「黑貓中隊」兩大紀念主軸，並分別在八月十六日戎耀戰場及八月三十一日、九月一日為黑貓中隊歡唱，九月安排闔家歡樂、挑戰視覺的旗艦式PARTY，首度舉辦的「孩之寶」瞄準親子家庭，我的「魔術趴」升級為「魔法趴」，將是全猿主場最終主題趴，也是球季壓軸秀。

下船後，開始絞盡腦汁，思索要如何增添升級版主題趴的亮點，讓球迷朋友能夠心滿意足，為球季畫下完美句點。去年有些沒完成的點子，今年可以來挑戰一下，首先浮現腦海的是LamiGirls變裝舞，去年本來就想做了，魔法趴總算完成，辣蜜們真的很專業，練習速度很快，辣妹跳舞變魔術，也真的賞心悅目。

去年頗受歡迎的橋段，也都改版升級。我找了投手王溢正與女球迷，體驗拍釘子。將拇指粗的鐵釘直立放進紙袋中，再將六個袋子洗亂，隨機指定要拍哪一袋。我拍了前兩個，幸好安全過關。王溢正與女球迷接手時，心裡肯定已七上八下，結果有驚無險。最後的兩個袋子，交給啦啦隊長阿誠，在現場尖叫聲中，阿誠一掌拍下毫髮無傷。打開僅存的紙袋，鐵釘赫然矗立在眼前，證明沒作假。「火球男」葉家淇登場，將去年的射牌入水瓶，升格向觀眾借手機，在全場驚呼聲中，由我一秒射入寶特瓶中，還好我事先將瓶子的水倒光，不然手機的主人看到手機泡水，可能會當場昏倒。

連去年的招牌秀瞬間移動，我都要增加新亮點，由原本的內野到看台，距離加長從內野到外野，去年是我個人秀，魔法趴則新增搭配女助理，節目一開始女助理先將自己塞進透明的箱子內，我再插上幾把劍，讓她動彈不得。接著鎖上箱子，我拉上布幕消失在觀眾面前。

下一秒，原本在箱子內的女助理，穿過布幕出現在觀眾眼前，拉開布幕後，觀眾看到與我穿著同樣衣服的魔術師，趴在透明箱子內，原本以為是我與女助理換位，沒想到箱子打開後，起身打招呼的竟是另一位女助理，大家還在思考二位美女到底如何在剎那間完成這不可能任務時，煙火照亮了外野，我出現在贊助商Skoda汽車上，再次施展了瞬間移動的魔法。

除了節目升格，既然稱為魔法趴，總要有新亮點。我思索，台灣日本都有棒球交流賽了，那魔術也來PK一下吧！我邀請了上口龍生（Kamiguchi Ryusei），他從十九歲開始學習魔術，一九九四年個人獨立出道後，短短一年之內，獲得三座冠軍，「日本SAM魔術協會——年度魔術師」、「日本UGM

魔術協會——冠軍」以及「Naniwa 魔術大會——冠軍」。一年內三冠王的紀錄，至今都尚未被打破，目前仍是日本魔術獎項保持人。

上口龍生被譽為日本「魔術帝王」，因為他擅長所有類型的魔術演出，包括近距離魔術、舞台魔術、大型幻術以及日本傳統魔術，不僅是江戶時代以來日本傳統魔術的繼承者，也是日本專業魔術師的先驅之一。

雖然是經驗老到且全方位的魔術師，不過畢竟搭飛機來台表演，上口龍生能攜帶的道具有限，加上語言隔閡，彩排時間也很少，對他來說也是一個大挑戰。九月二十日魔法趴前一天，我帶他來桃園球場進行場勘，雖然聽不懂日文，但完全懂他內心的OS，因為我去年也是一樣，心中直呼OMG！真的是要在這個險峻的舞台變魔術？

碰巧彩排那天是颱風前夕，風雨交加，和服與日本傘都淋濕了，上口龍生依舊高度配合，讓我由衷感謝。因為天氣不穩，開賽前，我還在臉書宣傳，要跟上口龍生PK，一起打敗雨神，提醒粉絲千萬別錯過精采表演，可惜老天還是不給面子，周六颱風延賽，魔幻趴也跟著泡湯，上口龍生展現大師風範，願意隔兩周再來，十月五日半夜飛機到，十月六日演出完直接去趕凌晨一點的飛機，堪稱日本職人精神的最佳典範。

正式演出時，上口龍生秀出了畢生絕活，讓女助理只靠一根桿子單點支撐，就在數萬名觀眾前成一字型懸空飄浮，即使用鐵環繞過全身，也找不出鋼絲支撐之類的破綻。我則讓LamiGirls隊長苡萱在木箱內平躺，先將鋼刀片輕壓在她的腹部，邀請觀眾觸摸確認無誤，接著木箱關起來，鋼刀片啪的一聲由木箱中央穿過，為了強化效果，第二片鋼刀也跟進，苡萱形同被「腰斬」，我又在木箱上半與下半部各插一把劍，現場觀眾驚叫聲連連，箱內的苡萱就算有軟骨功，恐怕插翅也難逃。

最後的高潮是二位球迷聯手，各拉動木箱前後端的繩索，木箱分為兩半，箱內的苡萱形同被「剖開」。接著木箱闔攏，蓋子打開，苡萱毫髮無傷，笑容可掬的出現在球迷前，全場歡聲雷動。

魔法趴最難的部分，是該用什麼方式結尾？我自己覺得不該再用瞬間移動之類的震撼魔術，畢竟大家魔術趴有看過，應該來點更有意義、更感性的結尾，這樣才會符合最終主題趴的意涵。所以我跟球團討論，什麼數字對 Lamigo 有特殊紀念意義？也許我可以試試看，用魔術的方式呈現出來，跟全場互動，讓十號隊友們發現驚喜彩蛋，好好感受，用心體會屬於 Lamigo 的最終魔法。

二〇一九年七月三日，甫達成季冠軍五連霸的 Lamigo 桃猿隊，於選秀會結束後，宣布因財務因素，決定轉賣球隊；九月十九日，桃猿隊正式宣布，將經營權完全轉售日商樂天集團，結束十六年職棒經營事業，九月二十二日的周日魔法趴，算是 Lamigo 經營團隊的告別秀，這個魔法數字也別具意義。

沒想到，比賽因雨順延到十月五日，Lamigo 桃猿隊也完成與球迷的承諾，魔術趴隨之登場，而且帶來最大彩蛋，我在比賽局間隨機挑選球迷，請他們分別寫下心目中理想的號碼，再將四組數字放入不同顏色的箱子，賽後在啦啦隊長阿誠的見證下，公開數字，分別是「3」、「29」、「170」、「9209」，四個數字相乘得到的最後數字「136201110」，沒想到竟與賽前先發打序中，秀出的數字組合相同。球團最後也放上影片，由領隊劉玠廷擔任旁白，親自公布這組數字的含意，Lamigo 桃猿隊成立至今共得過十三座季冠軍、六座總冠軍，二〇一一年搬到桃園，「Thank You 10（謝謝你們，十號隊友）」。想到要與 Lamigo 告別，許多球迷激動到熱烈盈眶。

說實話，魔術師要變出一串數字不困難，但數字的主角，像 Lamigo 要達到這段數字背後的含意，不知需要多少汗水的付出，Lamigo 用了這麼多年的努力，卻要在這畫下句點，任誰都會捨不得。我走下西區舞台，看著燦爛的煙火，內心卻百感交集。連續兩年能跟 Lamigo 合作，球團大力支持，願意大膽嘗試，並且信任我們團隊的專業，合作過程中，我深深體會到球團的用心及貼心。

更感謝十號隊友們對魔術趴的支持鼓勵，你們對 Lamigo 的愛，感動了我這個半路出家的棒球迷。最後還要對魔術團隊夥伴們致上最高敬意，我能站上台前享受榮耀，都是因為你們背後支持，我完成了自己最感動的一次演出，也讓現場一萬多人感動流淚，有你們真好！

【掃描 QR code 看影片】
魔法趴精彩片段：台日魔術師頂尖對決

| 第 12 章 |

愛

這場苦難教會我的事

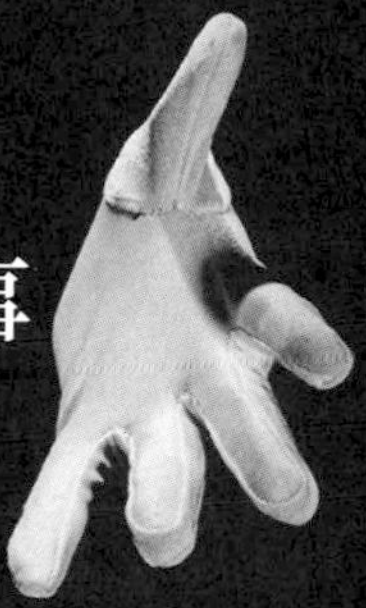

在隔離結束那天，我看到網路上一張照片，鑽石公主號船公司在臉書貼出義大利籍船長阿爾馬（Gennaro Arma）離開遊輪的照片；鑽石公主號停泊日本橫濱完成隔離檢疫後，乘客先下船，接著船員在船上隔離後，也可以離開，而最後一位下船的，便是負責掌舵的船長，照片背景是黑夜，阿爾馬戴着口罩，身穿整齊制服，左手挽着船長帽，右手拖着行李箱，步出連接遊輪入口的臨時搭建通道，乘客及網友紛紛讚揚「他是英雄」。

據媒體報導，現年四十四歲的阿爾馬一九九八年加入「公主遊輪」公司，從最基層的見習生做起，努力二十年，終於在二〇一八年當上「鑽石公主號」船長。他萬萬料想不到，當船長所面臨最大的挑戰，並非海上的風浪，而是肉眼看不見的新冠肺炎病毒，在十四天難熬的隔離期內，船上超過七百人被驗出呈陽性反應。

二六〇〇名乘客全天候被關在狹小、甚至沒有窗戶的客艙，幾乎每天都有陽性反應的報告傳出，阿爾馬以帶著濃厚義大利腔的英文，努力穩定乘客心情，提振眾人士氣，他會出現在甲板上，為藥品延遲送到而向乘客致歉，處事冷靜而有承擔，在我心目中，他是位大無畏的指揮官，宛如「鑽石公主版的陳時中」。

更貼心的是，西洋情人節當天，阿爾馬致贈每一名乘客心形巧克力與蛋糕，附上鼓勵的字條，並朗誦聖經的名句：「凡事包容、凡事相信、凡事盼望、凡事忍耐。」當全船士氣低落的時候，船長鼓勵所有人：「我相信留在這裡的乘客與船員，都會像家人一樣團結。我們一定能完成這趟旅程，全世界都在看！」

船公司的勇於承擔也令人感動，不僅退還了所有旅費，還負擔了大家的回程機票，許多人是自費搭飛機來登船，船公司也一併支付費用，這波疫情肯定讓公主遊輪母公司的嘉年華集團損失慘重，但我相信疫情終將過去，愛心必能打敗病魔，期待重回遊輪表演魔術，笑聲在船艙迴盪那一天。

在鑽石公主號隔離期間，我每天都收到很多親友、記者的訊息，為騰出時間多休息保留體力，我都沒能逐一回覆，其中包括我的好友賴桑。沒想到日前他心肌梗塞突然發作，就這樣走了，現在想回覆，他卻再也看不到了，我只能眼睜睜看著一個永遠無人回覆的對話框，心中有著無限感傷。

卡車師傅賴桑是我在台上發光的幕後大功臣，我生涯最重要的幾場演出，都一定要他協助才行，台北一〇一跨年讓柯P出現在舞台，重達四百公斤的穿越時空大道具，表演撤場完都凌晨三、四點了，他一樣幫我收拾善後，安穩運回倉庫。Lamigo桃園棒球場戶外大型逃脫道具，全都上過他的保姆卡車，搬運到現場。他開著一台馬力超強的大貨車，加上本身非凡的搬運功力，不管多大的道具，多小的窄巷，賴桑總是使命必達，十八般武藝樣樣都行。

我們兩人都是瞇瞇眼，似乎命中注定是知己，賴桑還不到六十歲，長得瘦瘦高高，力氣大而且身體一向健朗，病發前毫無徵兆，直到那一天，賴大嫂回家發現他倒在客廳，送醫已經來不及了……

失去摯友與左右手的衝擊，讓我在賴桑的告別式上，不禁紅了眼眶。二〇二〇是令人悲傷的一年，一月底上遊輪，沒幾天就看到籃球天王Kobe過世的新聞，接著又親身體驗了一個月的病毒威脅，下船結束隔離後，就傳來國標舞天后劉真老師心臟手術失敗，苦撐多時仍回天乏術的消息。我跟劉真老師，幾年前也曾在電視上合作演出，讓我想起一句話，很老梗但很中肯：「意外跟明天，你永遠都不知道，哪一個先來」！

在船上的直播，讓我成了家喻戶曉的名人，四月一日愚人節前，我收到了一個令人驚喜的邀約，台北市政府想邀我與柯P市長搭檔，變魔術宣導防疫。

這次的通告時間非常趕，從受邀到實際拍攝，只有短短幾天的時間，我一方面要跟團隊開會想防疫的亮點，一方面要連絡道具廠商，溝通有哪些現成的道具可以配合防疫主題派上用場，因為時間太急迫，根本不可能自己動腦ＤＩＹ。

影片一開始，我先直入柯Ｐ辦公室換燈泡，原本要牽手擔任副發言人的學姐黃瀞瑩，來個用愛發電，但在柯Ｐ提醒防疫期間不握手後，改與學姐、吉祥物熊讚表演隔空發電。在此特別聲明，影片可是沒做特效，燈泡亮起來時，柯Ｐ也覺得不可思議，頻呼「這不科學啊」。

當柯Ｐ問我們怎麼沒戴口罩，我又秀出絕活，當場將白紙印成「口罩」，柯Ｐ直呼「這如果是真的，你就賺翻了」。為了提醒防疫期間，別出國趴趴走，我還讓柯Ｐ的護照瞬間著火，花招十足。影片最後，不忘推廣防疫，呼籲大家「防疫期間，大手小手不亂牽」、「病毒肆虐，不通風處務必戴口罩」、「防疫期間笑一笑，有助增強免疫力」。

柯Ｐ顯然興味盎然，當天還在臉書表示：「魔術我看很多，不過跑到市長室來變給我看的，今天倒是第一次」。錄影時還頻頻「加碼」演出，看到熊讚臉上的超大號口罩，不忘調侃「這麼大是尿布做的嗎？」最後還虧熊讚：「臨時演員只領五百元，不用躺太久啦……」這支笑聲不斷的影片，單單在我的臉書，就有近五十八萬人點閱，如果加上各大媒體的轉載，至少有數百萬人觀賞，算是一次非常成功的防疫議題行銷。

鑽石公主號的漂流加上回台後，一共隔離了三十一天，我很明瞭病毒對心情產生的壓力，於是我從四月一日起，推出了一個新企劃，每天拍一段魔術影片，在網路上播出，慰勞所有因疫情所苦的朋友，直到台灣疫情結束為止！朋友問，疫情結束要怎麼定義？我覺得至少要等到防疫指揮中心不用天天開記者會，陳時中部長不必天天上電視，雖然目前看起來遙遙無期，但我有信心，一天一魔術變到疫情結束那天，肯定沒問題。

這個構想，源自於二月我在鑽石公主號上拍了節目單元叫「Magic of the day

／一天一魔術」，整艘船隔離的旅客都能在房間電視中看到，沒想到許多外國旅客在「Twitter 上推文說很開心，在電視上收看我的魔術，成為大家十四天隔離生活中的小樂趣。現在台灣雖然疫情趨緩，但很多人都在自主居家隔離，突然想到應該要繼續延續這個精神，貢獻所長，一方面是精神及行動上的支持，陪伴大家度過疫情，也是給自己的毅力挑戰，更想回饋這陣子在網路上熱情支持我的朋友們。朋友問，如果疫情持續好幾個月呢？那我就每天變魔術，持續好幾個月，反正跟病毒拚了啦，當然還是希望疫情越快結束越好。讓他人快樂，自己也會快樂，貢獻能力幫助人，也能感受到自己的價值，這是我當魔術師最大的心得。

一天一魔術變到第三十一天，剛好滿一個月，這也是我當時隔離的總天數，從鑽石公主號回台的過程，獲得許多人的關心及協助，直到現在依舊在我心中持續發酵，所以我想用雙手來謝謝大家，變魔術來傳達千言萬語。回台灣這段時間，看到肺炎疫情、隨機傷人、藝人緋聞、錢櫃大火……每天看這些新聞，著實讓人感到恐慌不安，不僅身體要戴口罩，心靈也要戴口罩，才能「心靈防疫」，愛在瘟疫蔓延時，讓我們多些信任，少些焦慮，我希望透過一段特別的魔術為大家鼓舞打氣，台灣加油！

第三十一天的魔術，我特地邀請日本藝術家野村一晟先生合作，他擅長製作正反兩面對讀的「雙向圖」，像是「陽」字雕塑，在月光照射下，地面出現「陰」字投影而聲名大噪，令人讚嘆漢字的魔力及其對字體型態的掌握。

其他作品還包括把「挑戰」倒過來，變成「勝利」；「最強」變為「戰場」的日本競艇比賽海報，也都在網路造成瘋傳。二〇一八年花蓮大地震後，野村也在臉書分享了「台灣」、「加油」這組雙向字，「台灣」二字立起來後，就變成了「加油」。野村一晟表示，二〇一一年日本大地震時，台灣各界踴躍捐款給予日本廣大支持，他發願總有一天一定要報恩，後來看到了花蓮地震的消息，決定創作這個作品，表達對台灣的關心。

四月二十九日的第三十一天魔術，我先用撲克牌變出了四張Ａ，接著牌一翻面，原本紅色的背面，竟然變裝，出現了白底紅字野村大師的作品「台灣」，轉了九十度之後，就變成了「加油」，這支影片我剪到半夜，傳達我對台灣滿滿的愛，推出後是一天一魔術系列中，按讚評價最高的，心血果然沒白費。

生命很強韌但也很脆弱，把握時光，珍惜身邊所愛的人，人生千萬不要留遺憾。新冠肺炎襲擊全球，導致近二百個國家受害，逾十七萬人死亡，各國封城更導致經濟大蕭條，不知有多少家庭破碎，這是一場無法計算損失的災難，我獻出微薄之力，每天變魔術帶給大家娛樂，魔術師不僅是讓人目眩神迷的工作，而是要讓人開心，讓人對世界充滿期待，充滿信心。

我也立志將魔術結合公益回饋社會，將歡樂帶給更多的人。我曾到過育幼院、醫院演出，也曾送餐食到獨居長輩家中，印象最深刻的要數二〇一九年，我與弘道老人福利基金會合作，舉辦了「騎幻盛典」個人魔術秀，與不老騎士長輩

◆ 野村大師的作品加上陳日昇的魔術，將「台灣」字樣旋轉九十度，即是「加油」

們一起登台演出，門票收入全數用來協助獨居弱勢長輩，這場演出圓滿順利，獲得很好的迴響。購票觀眾一方面享受了精采的魔術秀，另一方面也支持公益，讓他人快樂的時候，也會是自己快樂的時候，貢獻一己之力幫助他人，更能感受到自我的價值——這也就是我之所以成為魔術師的核心價值。

我也期待疫情過後，能夠舉辦一場公益演出，感謝辛苦的醫療人員。

謝謝大家的鼓勵，我會繼續努力的。愛，才是這世界上最神奇的魔法啊；希望疫情早日結束，天佑台灣！天佑全世界！

【掃描 QR code 看影片】
與「不老騎士」同台的公益魔術秀

【掃描 QR code 看影片】
一天一魔術第 31 天：獻給台灣的魔術

附錄

人生最長的四十一天：魔幻昇的漂流日記

二〇二〇年

一月二十六日

從台北桃園飛越南峴港，機場旅客幾乎都戴上口罩，我也不例外，但心情很輕鬆，期待遊輪假期趕快到來。抵達峴港後，在當地旅館過了一夜，準備隔日登船。

一月二十七日

今天是峴港登船日，鑽石公主號的航程是由橫濱出發，途經鹿兒島、香港、越南、基隆，最後再回到橫濱，我從越南峴港中途加入，下午四點準時啟航。

一月二十八日

遊輪於早晨八時，停靠越南蔡蘭港，大批乘客上岸，赴被列為世界遺產的下龍灣觀光，下午六時回船，啟航前往基隆。

一月三十日

在公主劇院進行二場演出，時間分別是晚上六時四十五分、八時四十五分，每場觀眾約八百人，節目很精采，大家看得很盡興。

一月三十一日

早晨七時，遊輪停靠基隆港，估計超過二千五百旅客上岸，在北台灣各知名景點觀光，足跡遍及野柳、西門町、一〇一、九份等地，我也把握時間去趟工作室，晚上六時返回船上，繼續往日本前進。

二月一日

下午一時三十分抵達沖繩，我也跟大家一起下船旅遊，到最熱鬧的國際通吃和牛燒肉，順便血拼維他命等生活日用品，晚上十一時才回船開航。

二月二日

遊輪整天都在海上航行，昨晚友人告知，台灣媒體報導鑽石公主號有位老翁，於一月二十五日回香港後確診。我心情很緊張，但仍硬著頭皮進行第二晚的演出，地點在船中酒吧小劇場，時間分別是晚上六時四十五分、八時四十五分，每場觀眾約二百人。為求演出效果，我沒戴口罩，觀眾絕大多數也沒戴口罩，顯然仍未意識到疫情會大爆發。

二月三日

經過近二日的航行，遊輪晚上提前到達橫濱港，日本政府檢疫人員登船開始進行檢查，有十位乘客因發燒，搭直升機後送救醫。

二月四日

原本預定今天要離船，從橫濱到東京搭機回台灣，不料上午宣布全體延後下船。起床後身體感到不適，全船人員被要求量體溫，我三十七．三度偏高，心情很緊張，深怕染疫。

二月五日

全船新增十人確診，船長宣布全船開始隔離十四天，我出現喉嚨痛、流鼻水症狀，但依規定要明確發燒者才能做篩檢，我只能乖乖留在房間，希望免疫力能擊敗病毒。

二月六日

全船新增十人確診，累計確診人數達二十人。我首次開直播對外說明船上狀況，遊輪公司也開始補給物資，以便乘客、員工強化防疫準備。

二月七日

疫情持續蔓延，新增四十一人確診，累計確診六十一人。上午首度拍攝「一天一魔術」，透過遊輪視聽系統播放，希望能幫助旅客，紓解緊張情緒。下午第二次開直播，讓外界更了解船上狀況。

二月八日

起床後發現唇泡疹發作，上呼吸道不適，出現流鼻水、輕微咳嗽症狀，情緒低落希望能早日做篩檢，但仍未獲回應。關在船艙幾天，許多人都悶壞了，遊輪開放特定時段，讓乘客到甲板散步透氣，見到太陽呼吸新鮮空氣的感覺真好。

二月十日

疫情持續升溫，新增六十人確診，累計一三〇人確診，其中也包含船上員工及無症狀患者。我的咳嗽加劇，多次向船方表示想做篩檢，但都未獲准。令人欣慰的是，透過我的直播，台灣駐橫濱辦事處官員，終於與船上台灣乘客取得聯繫並提供協助。

二月十二日

病毒繼續擴散，全船累計一七五人確診，包含一名日本檢疫官都遭感染。收到日本朋友寄來的物資，包括藥物、保健品、泡麵等，堪稱隔離生活中的小確幸。免疫力終於發威，感冒症狀減輕，身體狀況好轉，心情較輕鬆。

二月十四日

今天是西洋情人節，船公司很貼心，送了大家愛心巧克力，甜在嘴裡暖在心裡，想必會終身難忘。

二月十六日

疫情大爆發，累計三五五人確診，全船已檢驗一千多人。看著三八〇位美國旅客由日本自衛隊接往羽田機場，搭包機返國，其他國家也陸續跟進撤回旅客，心中很羨慕。

二月十七日

累積確診人數持續向上攀升，達四五五人，其中包括四位台灣旅客，我終於在下午做到篩檢，儘管還必須多等幾天才能拿到報告，心中還是很感動。更快樂的是，政府宣布於二月二十一日派包機到東京，接送旅客回台，終於等到脫困的曙光。

二月十九日

十四天隔離期滿，旅客開始分批下船，總算揮別一旦新增確診，隔離期就自動延長二周的憂慮。

二月二十日

我開始整理行李，做好隔天無論如何，都必須下船的準備。但檢驗報告始終沒下落，我很擔心會不會沒法搭包機返台。

二月二十一日

台灣包機已從桃園機場出發，但我起床仍不知檢驗結果，馬上拜託主管帶我到日方駐船辦公室，經過一番折衝，到了中午終於拿到檢驗報告書，天大的好消息，上面載明是陰性。下午一時離開鑽石公主號，睽違二十天，終於再度踏上陸地；下午四時，到達羽田機場，全體乘客量體溫檢查並穿上隔離衣。晚上七時，包機正式起飛。晚上十一時，包機抵達桃園機場，搭救護車前往醫院負壓病房。

二月二十二日

凌晨一時，接受喉頭採樣及抽血檢驗；凌晨二時，結束漫長的一天終於入睡。醒來後，指揮中心於下午二時開記者會，宣布包機回台十九名旅客全部陰性，感謝老天保佑，我們沒把病毒帶回台灣！間隔二十四小時，準備再度做第二次採檢，希望也能順利過關。

二月二十三日

指揮中心宣布鑽石公主號所有回台旅客，二採皆為陰性，傍晚離開醫院負壓病房，前往隔離所再度隔離十四天，阿中部長也在現場指揮，從包機落地就看到他的身影，任勞任怨令人動容。

二月二十四日

雖然是入住隔離所第一天，但我累計總隔離天數已經二十天了。在隔離所，不能出房門，送餐到門口，等照護員離開後，聽到廣播才開門取餐，全程無接觸，降低感染風險。每天早晚必須量體溫回報，感謝醫護人員的細心。

二月二十六日

似乎對隔離所環境，有些不適應，有點喘而且輕微咳嗽，由網路得知鑽石公主號確診已近七百人，開始胡思亂想會不會中鏢了，心裡更緊張了。

二月二十九日

總隔離天數邁向第二十五天，每天日復一日，過著同樣的生活，實在很乏味。前幾天咳嗽有點激烈，幸好今天好轉了，而且也不會喘，謝謝醫療人員，隨時透過電話關心。

三月二日

雖然在隔離所，我也沒閒著，把握時間在房間內練習魔術，追劇是唯一娛樂。

因為無法帶刮鬍刀及指甲刀進入，看著鏡子中的自己，鬍子越來越長，多出了一款頹廢風新造型。

三月四日

隔離出關前，再度做喉頭及抽血採樣，謝謝醫護人員的細心，讓我們能再度確認自己的身體狀況，能安心回到家中，畢竟沒人想將病毒傳給親愛的家人。

三月五日

指揮中心宣布，橫濱包機返台十九人旅客，全部三驗陰性，其實加上日本檢驗，我們總共四採陰性了。關關難過關關過，狂賀大家能夠如期解除隔離返家。

三月六日

我的總隔離天數達到三十一天，午夜十二點，所方宣布正式解除隔離，阿中部長與隔離所醫護人員，為大家舉辦慶生會，切蛋糕時，因為戴口罩，用搧蠟燭取代吹蠟燭，許多人眼泛淚光，一起打贏這場抗疫大戰，我們就像一家人。

三月七日

上午九時，正式踏出隔離所，結束了為期一個月的室內生活，這天好天氣，重新感受陽光及新鮮空氣，徹底領悟心曠神怡的意涵，與朋友家人重聚格外感激，新冠病毒BYE BYE，我終於自由了！

PEOPLE 445

魔幻疫境：魔術師陳日昇的極限挑戰與追夢人生

作　者—陳日昇
採訪撰稿—李世偉
副 主 編—謝翠鈺
責任編輯—廖宜家
行銷企劃—江季勳
美術編輯—李宜芝
封面攝影—蘇俊嘉（Gary）
封面設計—Illuminate Design 明眼設計
照片提供—陳日昇

董 事 長—趙政岷
出 版 者—時報文化出版企業股份有限公司
108019 台北市和平西路三段二四〇號七樓
發行專線—（〇二）二三〇六六八四二
讀者服務專線—〇八〇〇二三一七〇五
（〇二）二三〇四七一〇三
讀者服務傳真—（〇二）二三〇四六八五八
郵撥—一九三四四七二四時報文化出版公司
信箱—一〇八九九　台北華江橋郵局第九九信箱

時報悅讀網—http://www.readingtimes.com.tw
法律顧問—理律法律事務所　陳長文律師、李念祖律師
印刷—勁達印刷有限公司
初版一刷—二〇二〇年五月二十九日
定價—新台幣三六〇元
缺頁或破損的書，請寄回更換

時報文化出版公司成立於一九七五年，
並於一九九九年股票上櫃公開發行，於二〇〇八年脫離中時集團非屬旺中，
以「尊重智慧與創意的文化事業」爲信念。

魔幻疫境：魔術師陳日昇的極限挑戰與追夢人生
/ 陳日昇作 . -- 初版 . -- 臺北市：時報文化，
2020.05
面；　公分 .-- (People ; 445)
ISBN 978-957-13-8208-1(平裝)

1. 自我實現 2. 自我肯定

177.2　　109006158

ISBN 978-957-13-8208-1
Printed in Taiwan